# 인공지능과 창작자들

## 인공지능총서

인공지능 시대입니다. 기계가 인간의 인지를 대신하고, 사물이 인간을 통하지 않고 다른 사물과 직접 커뮤니케이션합니다. 이에 따른 인간 삶과 문명 변화를 정확히 이해·예측·대응하는 것은 이 시대 우리 모두의 과제입니다. 인공지능총서는 인공지능 기술과 환경의 여러 주제를 10가지 키워드로 정리합니다. 관련 개념과 이론, 학계와 산업계의 쟁점, 우리 일상의 변화를 다룹니다. 인간과 기술의 현재, 미래를 세심히 분석합니다.

## 일러두기

- 인명, 작품명, 저서명, 개념어 등은 한글과 함께 괄호 안에 해당 국가의 원어를 병기했습니다.
- 외래어 표기는 현행 어문규정의 외래어표기법을 따랐습니다. 다만 ‘딥러닝’, ‘딥마인드’, ‘딥페이크’ 등은 관행을 따랐습니다.

# 인공지능과 창작자들

민세희

대한민국, 서울, 커뮤니케이션북스, 2024

# 인공지능과 창작자들

지은이 민세희
펴낸이 박영률

초판 1쇄 펴낸날 2024년 10월 14일

커뮤니케이션북스(주)
출판 등록 2007년 8월 17일 제313-2007-000166호
02880 서울시 성북구 성북로 5-11
전화(02) 7474 001, 팩스(02) 736 5047
commbooks@commbooks.com
www.commbooks.com



ISBN 979-11-288-6854-2 03500

책값은 뒤표지에 표시되어 있습니다.

# 차례

# 너무 좋지도, 나쁘지도 않은

AI와 창작에 관한 책을 쓰기로 결심했을 때, 가장 먼저 떠오른 것은 '창작자들'이었다. 이들은 새로운 기술을 자신의 예술 활동에 과감히 도입하며, AI의 가능성을 탐구하는 선구자들이다. 이 책은 이러한 창작자들에게 방향을 제시하고, 동시에 다양한 관점에서 AI와 문화예술의 접점을 조명하려 한다. 창작자, 소비자, 기획자, 사업가, 행정가 등 각자의 입장에서 AI 기술이 문화예술 산업에 미치는 영향을 분석하고, 이에 따른 주요 과제와 고려 사항을 제시한다. 또한 AI에 생소한 독자들도 쉽게 이해할 수 있도록 AI 창작의 본질과 의미를 명확히 전달하려 노력했다.

이 책은 10개의 챕터로 구성되어 있으며, 각 챕터는 AI 창작의 핵심 주제들을 다룬다. '모델들', '그래서, 데이터', '멀티모달리티', '잠재 공간' 챕터에서 AI 기술의 기본 개념부터 최신 트렌드까지를 살펴본다. 또한 '일관성과 우연성', '현실에서 초현실' 등에서는 AI 창작의 특성과 그 영향을 탐구하며 '스토리텔링 혹은 합성 미학', '자동 생성과 시뮬레이션'은 AI 창작의 현재와 미래를 조명한다. 마지막으로 '기술의 격차, 창작의 격차', '모두의 AI'에서는 AI 시대의 창작 환경이 직면한 도전 과제를 논의한다. 이러한 구성을 통해 독자들은 AI 창작의 전반적인 흐름과 주요 쟁점들을 종합적으로 이해하게 될 것이다.

기술은 나날이 진화해 미래를 정확히 예측하기는 어렵다. 뛰어난 기술도 현실과 동떨어지면 외면될 수 있고, 오래된 기술이 여전히 가치를 발휘하기도 한다. 이 책의 내용은 AI 창작의 진리가 아니라, 현재의 AI 환경이 창작 산업에 미치는 영향과 고민해 볼 만한 주제들을 정리한 것이다. 이는 독자들에게 현재를 이해하고 미래를 예측할 수 있는 기반을 제공할 것이다. 이 책은 데이터, 알고리즘, AI를 실제로 사용하고 관찰한 한 개인의 경험과 통찰을 담고 있다. 특정한 해결책을 제시하기보다는, 이 기술을 창작에 적용하고 미래를 고민한 경험을 바탕으로 가장 근본적이고 가치 있는 내용을 전달하려 한다. 이를 통해 독자들은 AI 창작의 현장에서 얻은 실질적이고 적용 가능한 지식을 접할 수 있을 것이다.

## 지능이란 무엇인가

이러한 맥락에서 먼저 '지능이란 무엇인가'라는 근본 질문을 던져볼 필요가 있다. 알파고(AlphaGo)로 유명한 구글의 딥마인드(DeepMind)는 '지능을 풀어보는 것'에서 시작해 현재는 '인류에 도움되는 기술'로 그 미션을 확장했다. 이들의 목표는 '범용인공지능(AGI, Artificial General Intelligence)'을 개발하는 것이다. 한편 일론 머스크(Elon Musk)의 뉴럴링크(Neuralink)는 인간 뇌의 신경 신호를 이해해 지능을 확장하고 인류의 미래를 재창조하려 한다. AI로 인간의 인지 능력을 뛰어넘는 시스템을 만들어 복잡한 문제 해결, 의사 결정, 창의적 작업을 수행하려는 것이다. 더 나아가 인간의 지능을 보완하거나 확장해 질병 치료, 환경 문제 해결, 우주 탐사 등 인류가 직면한 거대한 도전들을 극복하려는 비전을 가지고 있다. 이는 AI가 단순한 기술 혁신을 넘어 인류의 미래를 근본적으로 변화시킬 잠재력을 지니고 있음을 시사한다.

그러나 이러한 혁신적 기술 발전은 동시에 중대한 윤리 질문들을 제기한다. 딥마인드, 뉴럴링크를 비롯한 모든 AI 연구 기관과 기업들이 개발하는 기술이 인류에게 미칠 영향은 불확실하다. 우리는 이 기술이 인간의 존엄성을 해치지 않고, 오히려 인류의 잠재력을 확장하는 데 기여할 수 있을지 깊이 고민해야 한다. 연구자들의 윤리의식이 제대로 발현되어, 인간을 보호하면서도 기술과 조화롭게 공존하는 세상이 실현되어야 한다.

이 지점에서 더 깊은 질문들을 던져볼 수 있다. 왜 이토록 많은 사람들과 자본, 사회가 '인공적인' 지능을 만들려는 것일까? 인간은 왜 타고난 두뇌를 넘어서는 능력을 갖추길 원하는 것일까? 이는 인류의 호기심, 진보에 대한 열망, 그리고 더 나은 미래를 만들려는 의지의 표현일 것이다. 지능, 감정, 창작의 본질은 무엇인가?

이 책은 이러한 근본 질문들을 염두에 두고, 창작자의 시각에서 이 기술을 조명하며, 창작 산업 종사자들에게 필요한 근본 개념들-모델, 데이터, AI의 특성, 콘텐츠 산업의 미래-을 다룬다. 이러한 접근은 AI 시대를 맞이한 창작자들이 직면할 철학적, 실용적 도전을 반영하고 있으며, 앞으로의 창작 활동에 필수적인 통찰을 제공할 것이다. 이러한 질문들을 더 깊이 탐구하다 보면, 우리는 AI와 인간의 관계에 대한 더 근본적인 고민에 직면하게 된다.

## 인식이 가능하다면 창작도 가능하다

AI와 창작의 관계에 대한 논의는 지난 수년간 급속도로 진화해 왔다. 2016년 구글의 AMI(Artists and Machine

Intelligence) 프로그램을 시작한 블레이즈 아구에라 이 아르카스(Blaise Aguera y Arcas)는 TED 강연에서 인식과 창작이 동일한 뇌 구조에서 발현되므로, 인식이 가능한 시스템은 창작도 가능할 것이라고 주장했다. 같은 시기, 구글 마젠타(magenta) 프로젝트를 이끌었던 더글라스 에크(Douglas Eck)는 창작을 인간 사회의 고유한 커뮤니케이션 가치로 규정했다. 이 두 관점은 AI 창작에 대한 서로 다른 시각을 대변하며, 현재까지 이어지는 논쟁의 씨앗이 되었다.

기계 환경에서는 주어진 목표를 효율적으로 달성하기 위해 계산력을 최적화해 빠르고 정확한 결과를 도출해야 한다. 에크의 주장대로 '창작'이 인간 문명에만 존재하는 가치라면, 기계는 이를 모방할 뿐이다. 반면 아구에라 이 아르카스의 관점에서는 인식 능력을 갖춘 기계가 창작도 할 수 있다는 것이다. 이 논의가 시작된 지 8년이 지난 지금, AI 기술은 어떻게 발전했으며, 우리는 AI의 창작물을 어떻게 받아들이고 있는가? 최근 이미지 인식 기술은 거대 언어 모델을 기반으로 한 멀티모달(Multimodal) 모델로 발전해, 다양한 형태의 데이터를 더욱 정교하게 처리할 수 있다. AI는 이제 창작 환경에서 단순한 도구를 넘어 창작의 주체가 될 가능성을 보여 준다. 만약 우리가 지능의 본질을 완전히 이해하고 뇌 신경 신호를 자극할 수 있는 기술을 개발한다면, AI는 우리와 동등한 '창작자' 반열에 오를 수도 있을 것이다. 물론 이는 아직 먼 미래의 이야기다.

흥미로운 점은 과거에 창작을 인간 고유의 가치로 여겼던 더글라스 에크가 현재 딥마인드에서 생성형 미디어팀을 이끌고 있다는 사실이다. 범용인공지능(AGI)을 목표로 하는 딥마인드의 비전을 고려할 때, 에크의 창작에 대한 관점이 어떻게 변화했을지 궁금해진다. 만약 AI가 인간을 뛰어넘는 사고력을 갖추게 된다면, 그 시스템에도 '창작'이라는 가치가 생겨날 수 있을까? 이러한 질문들은 AI 창작의 본질과 미래에 대한 깊은 통찰을 요구한다. 우리는 기술의 발전과 함께 창작의 정의, 가치, 그리고 주체성에 대한 이해를 지속적으로 재평가해야 한다. AI가 창작 영역에서 보여 주는 잠재력과 한계를 탐구하면서, 우리는 인간의 창의성과 기계 능력 사이의 경계를 재정립하게 될 것이다.

## 창작하거나 창작되거나

AI가 도구로 활용되든 창작의 주체로 작품을 생산하든, 인간은 이 기술을 사용하거나 혹은 이 기술에 의해 사용되는 양극단의 위치에 놓이게 될 것이다. AI를 도구로 활용한다면, 우리의 생산성과 창작 능력은 더욱 향상될 것이다. 이 경우 창작자들은 기술에 대한 깊은 이해와 실험을 통해 AI를 더욱 효과적으로 활용하는 방법을 익혀야 할 것이다. 반면 AI가 주도적으로 생산하는 창작물의 소비자가 된다면, 우리는 AI의 학습과 자동 생성 서비스를 위한 데이터 제공자의 역할을 하게 될 수 있다. 이러한 양면성은 AI 시대의 창작자들이 직면할 새로운 도전과 기회를 보여 준다.

더글러스 러시코프(Douglas Rushkoff)는 『통제하거나, 통제되거나』(2011)에서 기술에 종속되지 않으려면 기술을 이해해야 한다고 주장했다. 비록 창작자의 입장에서 AI 기술을 완벽히 이해하기는 어렵겠지만, 단순히 제공되는 서비스를 사용하는 수준을 넘어 세부 조정이나 자체 파이프라인 구축을 원한다면 기술에 대한 근본 이해가 필수다. 물론 구독 서비스나 기성 소프트웨어로 AI를 창작에 활용할 수도 있지만, 보다 주체적인 창작을 원한다면 더 깊은 기술적 이해가 요구된다. 반대로, AI에 의해 창작되는 대상의 위치에 있다면, 우리의 데이터가 콘텐츠화해 소비되거나 일상을 기록한 SNS가 다른 형태의 드라마로 변형될 수 있다. 앞으로의 AI 창작 환경에서는 직접 창작자와 간접 창작자라는 두 계층이 형성될 수 있다. 전자는 AI를 도구로 활용하는 인간 창작자, 후자는 AI가 주도하는 창작 활동의 대상이 되는 인간을 말한다.

현재로서는 창작의 주체로서 AI가 아직 발전의 여지가 많다. 그러나 우리는 AI가 단순히 기술적으로만 성숙해지는 것이 아니라 윤리적 사고, 이타적 판단, 그리고 균형 잡힌 시각을 갖출 수 있도록 발전하기를 희망한다. 이를 위해서는 기술 개발이 효율성만을 추구하는 것이 아니라, 인간의 가치와 조화를 이루는 방향으로 나아가야 할 것이다. 이러한 맥락에서, 우리는 AI와 창작의 관계를 단순히 기술적 진보의 관점에서만 바라볼 것이 아니라 인간의 창의성, 윤리, 그리고 사회적 가치와의 상호작용 차원에서 고찰해야 한다. 이는 앞으로 AI 시대의 창작자들이 직면할 가장 중요한 과제 중 하나가 될 것이다.

## 가치중립적 기술

기술은 가치중립적이기 때문에 어떤 사람들이 어떤 목적으로 어떻게 사용하느냐에 따라 좋은 방향으로도 나쁜 방향으로도 사용될 수 있다. 특히 고도화한 기술은 자본과 기술력을 갖춘 특정 집단이 주도적으로 개발하고 권한을 가지게 될 가능성이 높기 때문에 더더욱 윤리성과 투명성이 요구된다. 이는 AI 기술의 발전과 함께 그 사회적 영향력에 대한 책임 있는 접근이 필요함을 시사한다.

AI 기술도 거대 계산력과 데이터가 필수 조건인 특수 환경이라 개개인이 개발에 참여하고 성장시키기보다는 환경 제공이 가능한 기관, 연구소, 기업이 주도적으로 움직일 수밖에 없다. 이미 AI의 크기나 성장 속도는 개인이나 소규모 회사에서 진입하기엔 어려운 거대 기술이 되어 버렸다. 게다가 인간의 지능을 넘어서는 지능을 가지게 된다면 선택에 따라 사회악이 될 수도 사회선이 될 수도 있어 AI 발전에는 윤리적 사고와 편향성을 최소화하는 사회적 장치들이 필요하다. 이러한 상황은 AI 기술의 발전이 소수의 대형 기업이나 기관에 집중될 수 있음을 보여 주며, 이에 따른 기술 독점과 윤리 문제에 대한 우려를 유발한다. 이는 일반적 AI 기술에 국한된 이야기가 아니라 AI 창작에서도 마찬가지다. 문화예술만큼 사람들의 생각에 영향을 주는 분야도 없기 때문에 AI로 창작을 할 때 사회적 가치에 대한 고민이 많아질 수밖에 없다. 정형화된 여성의 모습, 특정 문화권과 집단이 부각되는 결과물들 등 학습 데이터의 편향성이 그대로 드러나는 AI 창작 결과물들이 아직까지는 많이 보인다. 아무래도 더 많은 데이터가 존재하는 분야가 더 나은 결과물을 생성할 수밖에 없고 또 이 기술을 사용해 창작하는 집단의 특성이 드러나기 때문이기도 한다. 이는 AI 창작물이 가질 수 있는 사회적 영향력과 그에 따른 책임에 깊이 있는 성찰이 필요하다는 의미다.

그래서 국가기관이나 정책적으로 각 언어별, 국가별, 문화별 데이터가 소실되지 않게 환경을 만들어야 하며 양질의 문화 데이터가 모델 학습에 적극적으로 활용될 수 있게 개방해야 한다. AI 기술 자체는 가치중립적이다. 나쁘지도, 좋지도 않은 그러나 고도의 기술. 이 기술을 둘러싸고 있는 환경이 AI의 사회적 가치를 좋게도 나쁘게도 만들 수 있다. 그 환경을 설정하는 것은 바로 우리의 몫이다. 이는 AI 기술의 발전과 활용에서 다양성과 포용성을 고려해야 한다는 뜻이다. AI 기술의 가치중립성과 사회적 영향력 고찰은 필연적으로 이 기술을 사용하는 사람들, 특히 창작자들의 역할과 책임 논의로 이어질 수 있다.

## 정보에 매몰된 사람들

기술을 발현하는 환경이 사회적 윤리성을 가져야 한다

면 그 기술을 적극적으로 사용하는 사람들은 또 어떤 특성이 있을까? AI에 국한된 것은 아니지만 기술로 실험하고 창작하는 사람들은 경쟁적으로 최신 정보를 공유하는 성향이 있다. 마치 오래전 DSLR 커뮤니티 사이트에서 장비 경쟁을 하던 시절같이 말이다. 물론 시대착오적 얘기를 하는 것보다 지금 가장 필요하고 미래를 보여 줄 기술 정보를 공유하는 것은 그 어떤 것보다 시급하다. 특히 양질의 정보를 공유하는 커뮤니티는 절대적으로 필요하다. 이는 기술 발전의 속도와 창작자들의 적응 사이의 긴장관계를 보여 준다.

하지만 창작에서는 최신 기술만이 좋은 창작물의 정답은 아니다. 창작자의 위치는 신기술을 연구하고 개발하는 것이 아니라 그렇게 만들어진 기술을 실험 · 변형해 새로운 역할을 부여하고 관람자의 공감대를 형성해 다른 세상을 체험하고 시선을 확장시키며 생각의 객관화를 경험하게 하는 데 있다. 작가 한강은 "시는 소통을 위한 언어의 본질적 기능을 넘어서는 또 다른 역할을 실험하는 것"이라고 했다. 이처럼 창작이란 연구된 기술의 원래 목적이 아닌 다른 방향으로 기술을 뒤틀고 변형해 모호한 경계에서 관점을 확장하게 하는 것이다. 이는 기술과 창작 사이의 관계에 깊이 있는 성찰을 제공한다.

그 기술의 다른 방향을 찾아보고 실험하려면 먼저 그 기술 본연의 기능을 잘 이해해야 하기 때문에 더더욱 최신 정보에 매몰되기 쉽다. 그렇지만 창작은 기술 정보에 매몰되는 것이 아니라 생각에 매몰되어야 하고, 무엇을 보여 주려는 마음이 먼저여야 한다. 기술은 내 생각을 보여 주는, 그래서 세상으로 하여금 보다 넓어진 이해를 가지도록 열어 주는 것이 필요하다. 창작은 기술 시연이 아니다. 이는 AI 시대의 창작자들에게 기술과 창의성 사이의 균형을 찾는 것이 중요한 과제임을 상기시킨다. 동시에 창작자들은 이러한 균형을 추구하면서도 기술 발전의 흐름을 놓치지 않는 책임감 있는 태도가 필요하다. 이러한 맥락에서, 우리는 창작자의 역할과 책임을 더 깊이 고민해 볼 필요가 있다.

## 책임지는 태도

최신 기술 정보에 매몰되어 기술 시연이 창작이라 혼동되는 태도를 지양하자는 것이 트렌드에 둔감해도 괜찮다는 뜻은 아니다. 다른 모든 분야와 마찬가지로 프로그래밍 언어, 컴퓨터 환경, 그리고 AI 기술도 발전과 트렌드가 있다. 의미 없이 돌고 도는 트렌드가 아니라 이 기술이 사회에 어떻게 진입하고 어떤 방향으로 나아가는

지, 특히 창작자들과 창작 환경에서 어떻게 발현되고 있는지 정확히 이해하면서 자신의 창작에 맞는 기술을 선별하는 자세가 필요하다.

적어도 나의 사회적 역할에 기술을 표현하는 언어를 썼다면, 그래서 나의 창작이 그 기술로 더 명확한 정체성을 가지게 되었고 그것으로 나의 창작품이 가치 창출에 기여했다면 창작자로서 그에 걸맞은 책임감을 갖는 것이 필요하다. 기술은 사람을 매혹시키는 매력이 있기 때문에 그 기술을 앞세워 창작자의 상품 가치를 높였다면 적어도 이 기술의 현재와 미래가 무엇이며 나의 창작은 그 어디쯤 존재하고 있다는 솔직함이 나의 경쟁력이고, 후발 주자들에게 올바른 방향을 보여 주는 것이다. 기술을 앞세운 창작자들이라면 내가 다루는 기술이 세상의 트렌드에 얼마나 가까운지, 미래를 만들어 가는 사람들의 생각은 무엇인지를 알아보고 고민하는 자세를 가져야 한다. 특히 'AI 아티스트'라는 타이틀을 스스로에게 부여했다면 더욱 그러하다.

이러한 책임감 있는 태도는 개인의 창작 활동에 국한하지 않고, AI 기술이 창작 분야와 사회 전반에 미치는 영향을 고려하는 더 넓은 시각으로 확장해야 한다. 창작자들은 자신의 작품이 기술 발전의 맥락에서 어떤 의미를 지니는지, 그리고 어떻게 미래의 창작 환경을 형성해 나갈 수 있는지 깊이 고민하고 성찰해야 한다. 동시에 자신의 창작품이 사회에 미칠 영향력을 고려해, 편향된 시각을 조장하지 않도록 주의를 기울여야 한다. 결국 창작자들에게는 기술의 활용과 파급 효과의 이해, 그리고 이에 따른 사회적 책임이 요구된다. 이러한 균형 잡힌 태도야말로 기술과 예술이 조화롭게 발전하는 미래를 만드는 핵심이 될 것이다.

## 공을 들인다는 것

창작자의 책임감과 균형 잡힌 태도는 단순히 기술을 이해하고 활용하는 것에 그치지 않는다. 이는 창작의 본질적 가치, 즉 끊임없는 노력과 훈련의 중요성을 재확인하게 한다. 기술이 아무리 발전해도 우리가 직접 창작을 하거나 간접적으로 참여하더라도, 창작에는 여전히 훈련이 필요하다. 미술 초보자가 몇 개월간 선 긋기 연습을 하고, 피아노 학습자가 연습곡 '하농'으로 기본기를 다지며, 그래픽 디자이너가 글자체의 곡선을 하나하나 주의 깊게 관찰하며 그리는 것처럼, 모든 창작 분야에는 기초적 훈련 과정이 존재한다. 그러나 현재의 AI 창작은 이러한 기초 훈련을 건너뛰고 즉각적 결과물을 제공해 사용자에게 마치 스스로 무언가를 창조했다는 착각을 불러 일으키는 도파민의 현장이 되고 있다. 하지만 이것이 창작에서 노력과 훈련의 필요성을 없앤 것일까? 그렇지 않다. 오히려 창작의 시작점이 높아졌기 때문에, 그 지점에서 더 높이, 더 깊이, 더 넓게 나아가기 위해서는 여전히 상당한 노력이 요구된다.

시작이 쉬워졌다고 해서 그 이후의 과정도 쉬워진 것은 아니다. 오히려 진입 장벽이 낮아져 누구나 시작할 수 있게 되면서, 작품의 질적 차별화가 어려워졌다. 노력과 훈련의 경험이 없는 이들은 다음 단계로 나아가는 데 어려움을 겪을 수 있으며, 높아진 시작점에서 창의성을 발휘하는 것은 이전보다 더 큰 도전이 되었다. 과거의 창작이 꾸준한 훈련과 노력으로 점차 발전하는 과정이었다면, 현재의 AI 창작은 이미 높은 수준에서 시작해 엄청난 노력으로 조금씩 발전해 나가는 형태다. 이러한 상황에서 우리는 '공을 들이는' 노력을 멈추지 말아야 하며, 현재 주목받는 AI 창작물들도 단순히 기술만으로 완성된 것이 아니라 창작자의 수고와 노력이 함께 담겨 있음을 인식해야 한다.

인간 중심의 창작이 천천히 오르는 계단과 같았다면, AI 창작은 빠른 속도의 에스컬레이터를 타고 올라간 후

갑자기 마주하는 높은 산맥과 같다. 우리는 이 지점에서 멈추지 말고 계속해서 정상을 향해 나아가야 한다. AI 시대의 창작자에게는 기술을 활용하는 능력뿐만 아니라, 그 너머의 고유한 창의성과 끊임없는 노력이 더욱 중요해졌다.

## 소멸되어가는 것들

AI 창작은 앞으로 더 많이 확산될 것이고 관련 산업은 더욱 성장할 것이다. 이러한 변화의 시작점에서, 기존 창작 환경과 창작자들 중 일부는 이 기술을 위협으로 느끼곤 한다. AI 기술과 자동화 시스템을 환영하는 이들도 있지만, 부정적 시각을 가진 이들도 있다. 이는 창작 가치관의 차이와 지금까지의 사회 교육에서 비롯된 것으로, 창작 과정에 창작자 스스로 직접 개입 없이 몇 번의 클릭만으로 결과물을 만들어 내는 듯한 모습에 거부감이 존재하기 때문이다. 더욱이 기존의 인간 중심 창작이 통제 가능한 상황에서 이루어졌다면, AI 기술은 도구로서도, 창작의 주체로서도 통제하기 어렵다. 이로 인해 영상 창작자, 디자이너, 소설가 등 많은 창작자들이 회의적 태도를 보일 수 있다. 그럼에도 AI 기술은 계속 발전해 창작자들이 원하는 통제성을 갖추어 갈 것이며, 동시에 창작자들은 이 '통제 불능'의 기술을 활용해 새로운 창작물을 만들어 낼 것이다. 누가 만들든, 어떻게 생성되든 그게 전혀 중요하지 않은 미래가 될 것이다.

이 과정에서 인간 중심의 전통적인 창작 방식은 점차 사라질 수 있다. 컴퓨터 그래픽스의 등장으로 수작업 타이포그래피가 자취를 감춘 것처럼 말이다. 다만 인간 중심 창작품의 가치 자체가 사라지기보다는, 그 창작 방식과 과정에 개입했던 사람들의 역할이 축소될 가능성이 크다. 아날로그에 대한 향수가 그것을 경험한 세대에 한정되듯, 창작물의 출처(인간 vs AI)에 대한 관심도 점차 사라질 것이다. 기술 발전의 속도를 고려하면, 인간 중심의 창작 환경이 인간과 AI가 공존하는 형태로 자연스럽게 전환되고 있음을 알 수 있다. 성형수술에 대한 사회 인식이 변한 것처럼, AI 창작물에 대한 시선도 예상보다 빠르게 긍정적으로 바뀔 수 있다. 이러한 변화와 일부 요소의 소멸을 지나치게 아쉬워하거나 방치하지 않고, 균형 잡힌 시각으로 바라보며 적응해 나가는 것이 중요하다. 창작자로서 책임감과 노력은 여전히 중요하며, 이를 바탕으로 AI과의 공존을 모색해 나가야 할 것이다. 어쨌든 창작의 가치와 과정은 AI 기술로 변하고 있다.

## 너무 좋지도, 나쁘지도 않은

누군가 지금의 AI 환경이 나의 창작에 긍정적인지 부정적인지 묻는다면 긍정도 부정도 아니라고 답할 것이다. 창작자로서 개개인이 살아가고 만들어 가는 시간에 변화가 생겼을 뿐, 노력이 줄어들거나 고민의 시간이 늘어난 것은 아니기 때문이다. 우리가 새로운 변화를 마주할 때 너무 들뜰 필요도, 너무 회의적일 필요도 없다. 그 역시 내가 어떻게 사용하느냐에 달려 있기 때문에 너무 몰입하지도, 너무 겁먹지도 말았으면 한다.

다만 사실은 사실로 받아들이고, 이 기술로 당신의 창작을 넓혀 가고 싶다면 조금씩 적용하면서, 느리고 빠름에 민감하지 말되 최대한 정확한 정보를 받아들이는 데 유연하며, 스스로를 포함한 다른 모두에게 관대해져야 한다. 당신의 창작품이 빛을 발하기 위해 최신의 기술이 아니어도 좋고, 우리 모두가 창작의 중심에 있지 않아도 된다. 하지만 AI로 창작을 시도해 보길 기대한다면, 이 기술 환경이 어디로 흘러가고 있는지, 내가 할 수 있는 영역은 어디까지인지, 함께할 수 있는 사람들은 누구인지 하나씩 알아가야 한다. 창작은 여전히 노력과 훈련과 실험과 공들임이 필요한 과정이다.

이 책을 통해 독자들이 AI 창작의 현재를 이해하고, 미래를 준비할 수 있기를 바란다. AI와 창작의 관계는 계속 해서 변화하고 발전할 것이다. 우리는 이 변화의 한가운데에 있으며, 그 변화를 형성하는 데 중요한 역할을 할 수 있다. 책임감 있는 태도, 끊임없는 노력, 그리고 균형 잡힌 시각을 바탕으로, AI 시대의 창작자로서 고유한 길을 개척하길 바란다. 이 책이 여러분의 여정에 작은 도움이 되기를 희망한다.

# 01
# 모델들

판별과 생성은 모두 학습된 데이터를 기반으로 한 예측과 추론의 결과물이다.
AI는 방대한 학습 데이터에서 패턴을 인식하고 구조화해, 새로운 입력을 확률적 분류나 창의적 합성으로 수행한다. 우리는 이러한 AI의 학습된 형태를 모델이라 부른다. AI로 창작을 하려 한다면 이 AI 모델의 구조와 학습 메커니즘을 깊이 이해하는 것이 필수다.

AI와 창작의 관계를 이야기할 때, 가장 먼저 떠올려야 할 것은 바로 '모델'이다. 전통적 창작에서 작가들이 자신만의 작업 환경을 고르고 재료를 연구하는 것처럼, AI를 활용한 창작에서는 AI 모델이 바로 그 창작적 탐구의 시작점이 된다. 여기서 '모델'이란 AI를 만들기 위해 설계된 인공 신경망을 말한다. 이 신경망 구조는 엄청난 양의 데이터를 학습해 완성된 AI 모델이다. 이러한 모델은 언어, 이미지, 소리 등의 데이터를 처리하는 다양한 종류가 있으며, 각각 특별한 목적에 맞게 만들어진다. 연구자들은 계속 이 모델을 발전시켜 더 정확하고 특별한 목적에 맞게 더 빠르고 다양한 업무를 수행할 수 있게 설계한다.

AI 모델은 크게 두 유형으로 나눌 수 있다. 판별 모델(discriminative models)과 생성 모델(generative models)이다. 판별 모델은 주어진 입력 데이터를 특정 카테고리로 분류하거나 예측하는 데 사용한다. 예를 들어, 이메일이 스팸인지 아닌지 판별하거나, 손글씨 숫자를 인식하는 등의 작업에 적합하다. 반면 생성 모델은 새로운 데이터를 만드는 데 사용된다. 이는 새로운 이미지를 만들거나, 텍스트를 생성하거나, 음악을 작곡하는 등의 창의적 작업에 활용된다.

AI 모델을 이해하기 위해서는 모델의 구조와 구성 요

소의 지식이 필수다. 모델은 성능 향상을 위해 다양한 구조로 연구되고 있다. 한때 주목받았던 모델들이 현재는 사용되지 않기도 하고, 반대로 과거의 모델이 새로운 컴퓨팅 성능의 발전으로 재조명되기도 한다. 모델 구조의 가장 기본 형태는 입력층, 은닉층, 출력층으로 구성된 인공 신경망이다. 입력층은 데이터를 받아들이고, 은닉층에서는 데이터를 처리하고 패턴을 감지하며, 출력층은 처리된 결과를 출력한다. 이러한 기본 구조를 바탕으로 합성곱 신경망(CNN, Convolutional Neural Network), 순환 신경망(RNN, Recurrent Neural Network), 트랜스포머(transformer) 등의 발전 형태가 존재한다.

## 합성곱 신경망, 순환 신경망, 트랜스포머

합성곱 신경망(CNN)은 이미지 처리에 특화되어 있으며, 이미지의 특징을 효과적으로 추출할 수 있다. CNN의 핵심 아이디어는 컨볼루션 레이어(Convolution layer)를 사용해 이미지의 지역적 특징을 포착하는 것이다. 이 레이어는 필터(또는 커널)를 이미지 위로 슬라이딩하면서 특징을 추출한다. 이후 풀링 레이어(Pooling layer)를 통해 특징의 차원을 줄이고, 마지막으로 완전 연결 레이어를 통해 최종 출력을 생성한다. CNN은 이미지 분류, 객체 검출, 얼굴 인식 등 다양한 컴퓨터 비전 태스크(task)에서 뛰어난 성능을 보인다.

순환 신경망(RNN)은 시계열 데이터 처리에 강점을 보인다. 텍스트, 음성, 시계열 데이터와 같이 순차적 정보를 처리하는 데 적합하다. RNN의 핵심은 이전 시점의 정보를 현재 시점의 처리에 활용한다는 것이다. 이를 통해 컨텍스트를 유지하면서 데이터를 처리할 수 있다. 그러나 기본 RNN은 장기 의존성 문제가 있어, 이를 해결하기 위해 LSTM(Long Short-Term Memory)과 GRU(Gated Recurrent Unit) 같은 변형 모델이 개발되었다.

트랜스포머는 2017년 바와니 등(Vaswani, A., et al., 2017)의 논문 "Attention Is All You Need"을 통해 소개된 혁신적 모델 구조다. 이 모델은 어텐션 메커니즘을 활용해 자연어 처리에서 혁신을 일으켰다. 트랜스포머의 핵심은 셀프어텐션(self-attention) 메커니즘으로, 이를 통해 입력 시퀀스의 모든 요소 간의 관계를 고려할 수 있다. 이 구조는 병렬 처리가 가능해 학습 속도가 빠르고, 장거리 의존성을 효과적으로 포착할 수 있다. BERT, GPT 등 현대의 대부분 대규모 언어 모델들이 트랜스포머 구조를 기반으로 하고 있다.

학습이 완료된 모델은 체크포인트(.ckpt) 파일 형식으로 저장되며, 이 파일에는 학습 결과로 얻어진 가중치와 파라미터(parameter) 정보가 포함되어 있다. 동일한 모델이라도 학습 데이터와 학습 기간에 따라 체크포인트는 버전별로 업그레이드될 수 있으며, 기본 모델의 파라미터 개수가 동일하면 두 개 이상의 체크포인트를 병합하는 것도 가능하다.

## 생성 모델

모델은 추구하는 기능에 따라 판별 모델과 생성 모델로 구분할 수 있다. 지금의 창작 분야에서 주로 사용되는 모델은 생성 모델이며, 여기서는 크게 이미지 생성 모델, 언어 생성 모델, 사운드 생성 모델로 나눌 수 있다.

### 이미지 생성 모델

멀티모달리티(multi modality) 구조가 등장하기 이전까지 생성 모델 중 가장 활발히 연구되고 다양한 변종이 개발된 모델은 2014년 구글 이안 굿펠로(Ian Goodfellow)가 발표한 GAN(Generative Adversarial Network)이다. GAN은 두 개의 신경망, 즉 생성자(generator)와 판별자(discriminator)를 경쟁적으로 학습시키는 구조를 가지고 있다. 생성자는 랜덤 노이즈(random noise)로부터

가짜 이미지를 생성하고, 판별자는 이 가짜 이미지와 실제 이미지를 구분하려고 노력한다. 이 과정에서 생성자는 점점 더 실제 같은 이미지를 만들어 내고, 판별자는 더 정교하게 진짜와 가짜를 구분한다. 이러한 적대적 학습 과정을 통해 GAN은 매우 현실적인 이미지를 생성할 수 있게 되었다. GAN의 등장 이후 다양한 변종 모델들이 개발되었다. ① DCGAN(Deep Convolutional GAN)은 CNN을 GAN에 적용해 이미지 품질을 개선했다. ② 사이클GAN(CycleGAN)은 쌍을 이루는 데이터세트 없이도 이미지 변환이 가능한 모델이다. ③스타일GAN(StyleGAN)은 이미지의 스타일을 세밀하게 제어할 수 있는 GAN 모델이다.

2020년 디퓨전 모델(Diffusion Model)이 등장한 이후 GAN 기반 모델의 활용도는 다소 감소하는 추세다. 디퓨전 모델은 노이즈가 추가된 이미지를 점진적으로 디노이징(denoising, 생성 과정 중 노이즈 제거)해 고품질의 이미지를 생성하는 방식으로 작동한다. 이 모델은 GAN에 비해 학습이 안정적이고, 더 다양한 이미지를 생성할 수 있다는 장점이 있다. 대표적인 디퓨전 모델로는 DALL-E, 스테이블 디퓨전(Stable Diffusion), 미드저니(Midjourney) 등이 있다. 이들은 텍스트 기반의 이미지 생성에서 놀라운 성능을 보여 준다. 예를 들어, "달을 배경으로 호수 위에서 춤추는 발레리나"와 같은 복잡한 설명을 입력하면, 이에 맞는 고품질의 이미지를 생성한다.

### 언어 생성 모델

언어 생성 모델은 초기의 통계 기반 모델에서 출발해, 트랜스포머 구조의 등장과 함께 BERT, GPT 등 거대 언어 모델들이 개발되었다. 이러한 모델들은 대량의 텍스트 데이터로 학습되어, 인간과 유사한 수준의 텍스트를 생성할 수 있게 되었다. GPT(Generative Pre-trained Transformer) 시리즈는 오픈AI(OpenAI)에서 개발한 대표적 언어 모델이다. GPT-3는 1750억 개의 파라미터를 가지고 있으며, 다양한 자연어 처리 작업에서 뛰어난 성능을 보여 주었다. 구글(Google)의 PaLM(Pathways Language Model)은 5400억 개의 파라미터로 개발되어, 더욱 강력한 언어 이해와 생성 능력을 보여 준다. OpenAI GPT-4의 정확한 파라미터 수는 공개되지 않았지만, GPT-3을 훨씬 능가하는 성능을 보여 준다. GPT-4는 텍스트뿐만 아니라 이미지도 입력으로 받을 수 있는 멀티모달(Multimodal) 모델로, 이미지를 이해하고 이에 대해 설명하거나 질문에 답변할 수 있는 능력을 갖추고 있다. 최신 AI 기술의 발전 속도를 고려할 때, 머지않은 미래에 인간과 사고하며 대화가 가능한 훨씬 더 정교하고 강력한 언어 생성 모델이 등장할 것으로 예상된다. 실제로 앤스로픽(Anthropic)에서 개발한 클로드(Claude)는 이미 그 가능성을 보여 주고 있다. Claude는 복잡한 지시 사항을 이해하고 수행할 수 있으며, 윤리적 고려 사항을 포함한 다양한 주제에 대해 깊이 있는 대화를 나눌 수 있다.

### 사운드 생성 모델

사운드 생성 모델도 눈부신 발전을 보이고 있다. 초기의 사운드 생성 모델은 주로 오디오 샘플을 활용한 웨이브넷(WaveNet)이나 샘플RNN(SampleRNN) 등이 있었다. 이들 모델은 실제 음성과 구분하기 어려울 정도로 자연스러운 음성을 합성한다. 이후 GAN을 활용한 웨이브GAN(WaveGAN), GAN신스(GANSynth) 등의 모델이 등장하면서 보다 다양한 음색과 스타일의 사운드를 생성할 수 있게 되었다. 이들 모델은 음악 생성, 음성 변조, 음향 효과 생성 등 다양한 영역에서 활용되고 있다. 최근에는 주크박스(Jukebox)와 같이 트랜스포머 구조를 활용한 대형 사운드 생성 모델이 등장하였다. Jukebox는

OpenAI에서 개발한 모델로, 약 70억 개의 파라미터를 가지고 있으며 다양한 장르와 스타일의 음악을 생성할 수 있다. 이 모델은 가사, 아티스트 스타일, 장르 등을 입력으로 받아 완전히 새로운 음악을 만들어 낼 수 있다. 구글에서는 오디오LM(AudioLM)이라는 대형 오디오 언어 모델을 발표하였는데, 이는 오디오 데이터를 직접 모델링해 음성 합성, 음악 생성, 오디오 이해 등 다양한 태스크를 수행할 수 있다. AudioLM은 긴 오디오 시퀀스를 생성할 수 있으며, 자연스러운 발화와 음악적 요소를 모두 포함할 수 있다. 이러한 사운드 생성 모델들은 음악 제작, 영화 음향 효과, 가상 비서의 음성 등 다양한 분야에서 활용되고 있으며, 창작자들에게 새로운 표현 도구를 제공한다.

## AI과 창의적 추론

텍스트, 이미지, 오디오 등 다양한 유형의 데이터를 동시에 처리할 수 있는 멀티모달 학습 기술의 발전은 창작 영역에서 AI와 인간 작가의 협업을 더욱 활발하게 만들고 있다. 오픈AI(OpenAI)의 GPT-4와 같은 멀티모달 AI 시스템은 텍스트, 이미지, 데이터 처리, 시각화 등 다양한 방향으로 콘텐츠 생성이 가능하며, 이를 통해 개인화한 콘텐츠 생성, 실시간 스토리텔링, 가상 세계에서의 인터랙티브 내러티브 등 새로운 형태의 창작물이 가능해지고 있다. 예를 들어, 작가가 소설의 줄거리를 입력하면 AI가 해당 장면을 시각화해 삽화를 생성하고, 동시에 배경 음악을 작곡해 멀티미디어 소설을 만들어 내는 것이 가능해질 것이다. 이미 OpenAI의 DALL-E와 Jukebox를 결합한 DALL-E Radio와 같은 시도가 이루어지고 있으며, 이는 향후 더욱 발전된 형태의 멀티모달 창작 도구로 진화할 것으로 기대된다. NVIDIA의 젠슨 황(Jensen Huang) CEO를 포함한 많은 전문가들은 5년 안에 인간의 능력을 뛰어넘거나 또는 인간 수준의 AI 모델이 등장할 것으로 예상하고 있다.

그러나 AI 모델의 급속한 발전은 동시에 여러 가지 도전 과제와 윤리 문제를 제기한다. 모델의 편향성, 허위 정보 생성 가능성, 창작물의 저작권 문제 등이 주요 문제다. 모델의 편향성 문제는 AI가 학습 데이터에 존재하는 사회적 편견이나 불균형을 그대로 학습하고 재생산할 수 있다는 점에서 중요하다. 허위 정보 생성 가능성은 사회적 혼란을 야기할 수 있으며, 이를 방지하기 위한 기술 개발과 교육이 필요하다. 창작물의 저작권 문제 또한 복잡하다. AI가 생성한 작품의 저작권 귀속 문제와 AI 학습 데이터의 저작권 문제 등이 지속적으로 논의되고 있다. 이러한 문제들은 창작자뿐만 아니라 우리 사회 전체가 이해하고 개선해 나갈 필요가 있다. 특히 몇몇 거대 기업이 주도하는 거대 언어 모델의 독점을 막기 위해, 일부 기업들의 오픈소스화 노력은 AI 기술 접근성을 높이고 다양한 관점을 AI 개발에 반영되게 해 이러한 문제 완화에 도움이 될 것으로 보인다.

이러한 맥락에서 AI를 활용한 창작에서는 모델의 구조, 학습 과정, 크기, 저장 파일 등에 대한 이해가 선행되어야 한다. 마치 화가가 그림을 그릴 때 종이의 재질, 연필의 질감, 물감의 색을 이해하는 것처럼, AI 창작자도 사용 도구에 대한 깊은 이해가 필요하다. 그러나 기술은 빠르게 변화하며, 현재 사용되는 모델이 미래에도 계속 사용될 것이라는 보장은 없다. 하지만 창작은 기술 연구와는 다르다. 목적에 부합하고 필요하다면 과거의 모델도 충분히 가치 있게 활용할 수 있다. GAN으로 생성된 이미지와 영상이 아름다울 수 있었던 것은, 창작자의 생각과 표현이 그 기술과 조화를 이루었기 때문이지, 단순히 모델이 최신이고 정확도가 높아서가 아니다.

AI 모델은 이제 창작의 새로운 도구이자 협력자로 자리 잡고 있다. 이 도구를 효과적으로 활용하기 위해서는 기술의 이해와 함께 창의성, 윤리성, 그리고 비판적 사고가 필요하다. AI가 제공하는 가능성을 최대한 활용하면서도, 그것이 가져올 수 있는 문제점들을 인식하고 대비하는 균형 잡힌 접근이 요구된다. 앞으로 AI 모델은 계속해서 발전하고 변화할 것이며, 우리는 이러한 변화에 적응하고 이를 창의적으로 활용할 수 있는 능력을 키워 나가야 한다. 이는 단순히 기술적 숙련도를 높이는 것을 넘어, AI와 함께 공존하며 더 나은 창작 환경을 만들어 가는 새로운 시대의 도전이 될 것이다.

## 02
# 그래서, 데이터

AI는 우리를 배워서, 세상을 보여 준다. 그러나 합성 데이터는 세상을 교란하기도 한다. 데이터는 현실의 단편적 기록이자 AI의 학습 재료다. AI는 이를 소화해 새로운 데이터를 만들어 내지만, 이 과정에서 현실의 왜곡이 일어날 수 있다. 창작자는 이런 AI의 특성을 이해하고, 데이터의 선별부터 합성 결과물의 활용까지 신중히 고려해야 한다. 데이터가 곧 AI 창작의 근간이기 때문이다.

AI 모델을 이해하는 것이 이 기술 환경을 이해하는 시작이라면, 그 모델 완성의 출발은 바로 데이터다. 모델의 구축은 학습력을 높이기 위한 다양한 장치들, 알고리즘들을 연결해 보다 정교하고 정확도가 높은 학습을 가능하게 함에 목적이 있다. 이 구축된 모델을 잘 구동하면 안정적으로 학습하고 우리가 쓸 수 있는 모델로 완성이 된다. 양질의 학습 데이터가 필요한 이유는 결국 모델의 품질을 결정짓는 요소이기 때문이다. 아무리 최적화한 모델 구조라 하더라도 학습 데이터가 편향적이거나 단조로우면 모델이 생성하는 결과물은 학습 데이터에 종속되어 더 증폭된 편향성과 단순 결과를 만들어 낼 수밖에 없다. 우리가 AI 환경에서 데이터의 다양성과 편향성을 주의 깊게 보고 있는 이유는 사회적 가치 실현–공정함을 위한– 측면도 있지만, 어쩌면 우리의 모델이 더욱 높은 성능을 가지고 더 많은 사람들과 다양한 문화권에서 소비되게 하려면 풍부한 학습 데이터가 절대적이기 때문이다. 이 데이터에 대한 고민은 AI와 함께 갑자기 시작된 것은 아니고 2000년대 초반부터 디지털 데이터에 접근해 다양한 서비스와 창작이 가능해지면서부터 시작되었다.

## 데이터 창작과 AI

2000년대 초반부터 닷컴(.com) 버블 이후 이전에 존재하지 않던 수많은 디지털 데이터들이 수집되고 가공되었다. 야후(Yahoo), 넷스케이프(Netscape) 등에서 뉴스를 비롯한 다양한 정보를 제공하면서 사용자 데이터를 수집할 수 있었으며, SNS 서비스의 활성화로 개인 데이터 수집이 가능해졌다. 특히 2010년 이후에는 스마트폰의 등장으로 모바일 기기에서 더욱 많은 종류의 일상 데이터를 수집할 수 있게 되었다. 에런 코블린(Aaron Koblin)의 "플라이트 패턴(Flight Patterns, 비행기의 궤적을 수집해 시각화한 독특한 항공지도)"에서 조너선 해리스(Jonathan Harris)의 "위 필 파인(We Feel Fine, 현재의 감정 상태를 데이터로 표현한 작업)" 프로젝트까지, 이 시기에 창작 영역에서는 개인 데이터뿐만 아니라 공공 데이터를 활용한 다양한 창작이 가능해졌다. 세상 돌아가는 이야기가 데이터로 존재하기 때문에 데이터를 눈으로 본다면 우리 동네 교통 상황도, 나의 하루 일과도 제3의 눈으로 관찰할 수 있었다.

창작 영역에서 AI를 보다 적극적으로 활용하게 된 시기는 2010년 중반부터다. 디지털 데이터가 양적으로 어느 정도 확보되고 난 이후, 그리고 수많은 데이터를 처리할 수 있는 컴퓨팅 파워가 가능해진 이 시기부터 AI 연구와 AI 창작이 함께 발전하기 시작했다. AI 창작은 이 시기에 수집된 데이터 혹은 학습 데이터를 시각적으로 이해하고 설명하는 영역에서 크게 성장하였다. 이는 AI가 연구 차원에서도 대중적으로도 활성화된 이후부터 '이해할 수 있는 AI'를 만들어 보려는 궁금증이 있었기 때문이 아닐까 한다. 예를 들어, AI의 특징 시각화라든가 학습 데이터의 차원 축소 시각화의 경우, 연구적으로도 성과가 있는 접근이었지만 시각적으로도 기존에 보지 못했던 시각 경험을 만들어 주었다. 이 때문에 구글아트앤컬쳐(Google Arts & Culture)가 작가들과 협업한 'X Degrees of Separation', 't-SNE Map' 같은 프로젝트를 성사시켜 우리 주변에 있는, 그리고 AI가 학습할 수많은 디지털 데이터들을 시각적으로 군집화하거나 연결성을 보여 주는 프로젝트로 실험할 수 있었다.

## 생성형 AI와 창작

다중 데이터(멀티모달리티) 모델이 나오기 전까지 창작 영역에서는 차원 축소로 수집된 데이터들 간의 관계성을 시각적으로 보거나 AI 모델이 학습한 특징들을 특정 레이어에서 꺼내어 보는 경험과 함께 보다 창작의 본질에 가까운 '생성' 시도가 있었다. "AI 생성 예술"이란 AI 모델이 가지고 있는 기능 중 학습된 특징을 기반으로 분류하거나 특징을 연결해 새로운 데이터를 생성하는 기능에서 후자에 해당된다. 생성은 분석 이상으로 창조에 가깝다고 느껴지는 게, 기존에 존재하지 않던 무언가를 만들어내기 때문이다. 이미지만 예를 들었을 때, 학습된 모델에 새로운 데이터 입력 시 확률적 근거로 어떤 카테고리에 속하는가를 찾아낼 수 있는 것이 분류형 모델이라면, 생성형 모델은 수집한 데이터로 학습된 모델이 높은 가중치로 저장한 특징 정보를 조합해 새로운 무언가를 만들어 낸다. 우리는 이를 합성 데이터(synthesized data)라고 한다. 2016년 마이크 타이카(Mike Tyka)가 작업한 〈존재하지 않는 사람들의 초상〉은 사람의 얼굴 이미지로 학습시킨 모델에서 특징으로 저장되어 있는 정보를 조합해 새로운 초상화를 만들어 낸 것이다. 2018년 마리오 클링게만(Mario Klingemann)의 "불편한 서울(Uncanny Mirror)" 프로젝트는 전시 기간 동안 관람객의 얼굴 정보를 추가로 매일 학습시켜 실시간으로 얼굴이 생성되게 만드는데, 이 특징들은 전시가 시작된 처음보다 전시가 끝날 때쯤 방문했던 사람들의 특징이 확연히 두드러졌다. 이 시기에 GAN이라는 생성 알고리즘을 기반으로 많은 연구가 실험되었으나 2020년쯤 나온 멀티모달리티 모델이 생성 모델의 창작을 한걸음 더 발전하게 했다.

"Attention Is All You Need"(2017)라는 다소 연구 논문 제목 같지 않은 연구 논문이 생성 모델의 발전, 그리고 AI의 발전에 큰 영향을 미치게 되었다. 바로 멀티모달리티, 텍스트, 이미지, 사운드가 동시에 학습 가능한 모델이다. 동시에 학습 가능한 모델이 생성에 영향을 미친 이유는 텍스트로 가이드해 이미지나 사운드를 만들거나, 이미지로 가이드해 사운드나 텍스트를, 사운드로 가이드해 이미지나 텍스트를 생성할 수 있는 구조가 가능해졌기 때문이다. 2024년 현재 사용하고 있는 수많은 AI 생성 서비스는 모두 멀티모달리티로 학습된 모델들이다. 멀티모달리티는 현재 가능한 데이터(텍스트, 이미지, 사운드)뿐만 아니라 앞으로 가능한 데이터, 센싱(sensing) 데이터까지 학습하게 된다면 생성의 영역은 더욱 풍성해지게 되지 않을까. 그리고 또 한 가지, 거대 언어 모델이 가능해지면서 많은 창작 기능들이 언어 모델과 함께 움직이게 되고 있다는 것이다. 지금의 ChatGPT가 언어 모델에 DALL-E 같은 이미지 모델 서비스를 삽입하듯이 앞으로의 창작은 언어와 텍스트를 기반으로 음악도, 영상도, 이미지도 만들어 낼 수 있을 것이다. 다중 데이터를 학습해 교차적으로 사용할 수 있다는 힘은 우리의 창작 영역을 넓게 가져가게 한다.

## 데이터의 편향성

모델은 데이터 종속적이다. 어떤 데이터를 학습했는지에 따라서 어떤 결과물을 생성하는지가 달라지기 때문에 창작자들은 고유성을 만들기 위해서라도 모델에 특정 데이터를 강제 주입해 파인튜닝(Fine-tuning)된 모델을 만들려 한다. 시빗AI(CivitAI, https://civitai.com/)에 가면 창작자들이 특정 스타일을 만들어 낼 수 있게 파인튜닝된 모델들과 LoRA들을 살펴볼 수 있다. 초기에는 창작자들 스스로 모델을 재학습하는 드림부스(DreamBooth)와 같은 방법을 썼으나 지금은 기본 모델에 패치(patch) 같은 역할을 하는 LoRA나 스타일 유지를 위한 IP어댑터(IP-Adapter), 형태의 연속성을 위한 컨트롤넷(ControlNet), 카메라 모션을 위한 애니메이트디프(AnimateDiff) 같은 방법을 사용한다. 이미 배포된 양질의 파인튜닝된 모델들이 너무 많기 때문에 좋은 체크포인트를 사용하는 것이 현명하다. 그런데 여기서 조금 주의 깊게 살펴보면 파인튜닝된 모델들의 예시 이미지들이 지나치게 캐릭터화된 여성의 이미지라는 것을 알 수 있다. 모델이 학습하는 데이터들이 점점 더 합성 데이터, 생성된 데이터가 된다면 캐릭터화한 여성의 이미지는 AI 모델에서 아주 중요한 정보로 기억되어 존재하게 될 것이다. 몇 가지 실험에서 우리는 배포된 데이터의 편향성을 더 확인할 수 있다. 프롬프트로 "한국, 서울의 현재 거리"라고 했을 때 서울의 아이코닉(iconic)한 건물들이 나오기도 하지만 묘하게 일본, 중국 등 아시아 국가들의 정체성을 담고 있음을 알 수 있다. 그만큼 특정 문화권의 데이터가 분별력 있게 학습 데이터로 사용되지 않았음을 유추해 볼 수 있다.

최근에 경험한 사건이다. 유기견 관련 이미지를 생성하는 것이었는데, 일반 반려견 이미지가 훨씬 더 많이 사용되었기 때문에 프롬프트로 아무리 유기견의 외형을 설명해도 매번 잘 그루밍(grooming)된 강아지들이 생성되었다. 이처럼 모델 학습에 사용된 데이터의 특징들이 디지털 사회에서 특정 문화를 유지하게 해 주는 단초가 될 수 있다. 데이터가 존재하지 않다면 현실 세계에서 아무리 존재하는 문화라 하더라도 모델 학습 시 무시될 수밖에 없고, 또 합성 데이터에 있는 편향성은 증폭될 수밖에 없기 때문에 우리가 생성한 결과물들이 결국 다시 학습 데이터로 사용될 것이다. 따라서 양질의 문화 데이터들을 만들어 모델 학습 시 사용할 수 있게 유도하는 것이 필요하다. 모든 문화권의 데이터를 한순간에 다 담을 수는 없다. 하지만 각 문화별 고유성을 좀 더 두드러지게 만들고 싶다면 더 많은 양질의 데이터가 절실하다.

## 03
# 멀티모달리티

이미지가 이미지였던 세상은 이젠 과거로. 멀티모달 AI는 이미지, 텍스트, 사운드 등 다양한 형태의 데이터를 동시에 처리하고 생성한다. 이는 인간의 복합적 인식 과정을 모방한 것으로, AI의 정보 처리 능력을 크게 확장했다. 이제 AI 창작의 영역이 넓어지고 깊어졌으며, 인간과 AI의 협업 방식도 진화하고 있다. 멀티모달 기술은 창작의 새로운 지평을 열고 있다.

2024년 5월은 멀티모달(Multimodal, 다형데이터) AI가 대중에게 아주 가깝게 다가온 시간으로 기억될 것이다. 오픈AI(OpenAI)에서 Google I/O 콘퍼런스 하루 전날 소개한 새 모델 ChatGPT4 Omni는 2014년 영화 〈그녀(her)〉의 사만다처럼 보고, 듣고, 말하고, 사고하며, 소통하는 기능이 대중적으로 가능해질 것을 시사했다. 이 모델은 이미지를 학습시키면 이미지만을 생성하거나 인식하던 모델이 아닌, 텍스트를 학습시키면 문장만을 완성하는 모델이 아닌, 단일 형태의 데이터 처리만 가능했던 기술을 넘어서서 이미지, 사운드, 텍스트 등 다양한 형태의 데이터 처리가 한 번에 가능해진 모델이 AGI(인공일반지능)에 한 걸음 더 가까워졌음을 보여 주는 사건이었다. 물론 아직까지 우리가 머릿속에서 기대하는 것과 같은 완전한 AGI 모델이 우리 생활에 함께하는 것은 아니다. 하지만 ChatGPT4 Omni 모델은 언어 모델을 기본으로 멀티모달, 즉 다양한 형태의 데이터 처리 기능이 가능해 단순한 정보를 주고받는 이상의 대화를 하며, 카메라를 통해 주변 사물과 사람들의 표정을 인식해 질적으로 향상된 대화를 시도할 수 있다. 수학 그래프, 음악 악보, 미술품 등 언어와 함께 이미지 정보를 주고받아 특정 주제를 설명하며 토론이 가능한 서비스가 대중화하고 있음을 보여 주었다.

더 강력한 멀티모달의 진정한 AGI가 언제쯤 나올지는 모르지만, AI 모델 하나가 한 사람이 가질 수 있는 지적 훈련의 사고 범위와는 비교할 수 없을 정도로 훨씬 넓고 방대하며 또 소통하게 될 것임은 너무나 당연해졌다. 이런 지적 기능을 가지고 있는 AI는 일상생활뿐만 아니라 창작 영역에서도 변화를 가져올 수밖에 없다. 그래서 창작 환경의 AI는 우리가 지금까지 했던 많은 일들을 단순히 도와주는 협력자 역할을 넘어 때로는 대화를 주도하고 우리에게 대안을 제안하면서 함께 사고하고 창작해 나가는 모델로 자리매김을 하게 될 것이다. 우리는 이런 변화를 창작의 주체였던 인간적 사고에서 희망과 무력의 그 중간 어디쯤에서 받아들이고 있다. 그렇다고 너무 지나치게 낙관적일 필요도, 또 과도하게 비관적일 필요도 없다. 어쨌든 AI 기술 덕분에 혼자 하는 일이 질적으로도 또 양적으로도 나아지고 있는 건 사실이니까.

## 단일 형태 데이터 모델, 싱글모달리티

2015년, 구글 머신인텔리전스팀의 마이크 타이카(Mike Tyka)는 GAN을 활용한 〈존재하지 않는 사람들의 초상〉이라는 작업을 공개했다. 이 작업은 사람들의 얼굴 이미지를 학습한 모델이 학습된 데이터에서 발견한 특징들을 조합해 새로운 얼굴을 만들어 내는 것이었다. 당시로서는 생성 모델의 합성 데이터가 새로운 영역에 해당했다. 기존에 존재하는 학습 데이터를 변형하고 확장해 만들어 내는 수준을 넘어, 학습된 특징들로 완전히 새로운 데이터를 만들어 낸다는 점에서 혁신적이었다. 2018년 서울 미디어시티 비엔날레의 〈모두의 AI〉에서 마리오 클링게만(Mario Klingemann)의 〈불편한 거울(Uncanny Mirror)〉은 한 걸음 더 나아갔다. 이 작품은 전시장에 설치된 카메라로 관람객의 얼굴을 지속적으로 학습하고, 학습한 특징들을 조합해 관람객의 얼굴을 재구성해 보여 주었다. 이는 실시간으로 학습하고 생성하는 AI의 가능성을 보여 준 의미 있는 작품이다. 이처럼 단일 형태 데이터로 학습하는 모델들은 원하는 결과의 형태(이미지, 텍스트, 사운드)에 맞춰 학습 데이터를 수집해야 하고, 각각 다른 구조와 알고리즘을 사용해야 했다. 그러나 2021년 오픈AI의 CLIP(Contrastive Language-Image Pre-training) 모델과 같은 비전 언어 모델의 성공으로, 텍스트와 이미지를 동시에 처리할 수 있는 기술이 실현되었다. 이를 시작으로 보고, 듣고, 말하는 다중 형태의 데이터 처리가 가능한 멀티모달 트랜스포머 모델 시대가 열리게 되었다.

## 다형 형태 데이터 모델, 멀티모달리티

멀티모달 AI의 발전은 단일 형태의 데이터 처리에서 시작됐다. 초기의 AI 모델들은 텍스트만, 이미지만, 또는 음성만을 처리할 수 있었다. 이런 단일 모달리티 모델들은 각각의 영역에서 놀라운 성과를 보여 줬지만, 인간의 복합적 인지 능력을 모방하기엔 한계가 있었다. 사실 사람은 본질적으로 멀티모달한 존재다. 우리는 무언가를 배우거나 사고할 때 하나의 감각만으로 움직이지 않는다. 예를 들어, 걸음마를 배운다고 생각해 보자. 먼저 걷는 사람들의 형태, 즉 이미지(비디오) 데이터가 가장 중요한 데이터의 정보가 된다. 하지만 걸으면서 들리는 소리, 땅을 밟는 촉감 등 제대로 걷기 위해 사람은 가능한 한 모든 감각을 사용한다. 만약 사람들이 단일 형태의 데이터 처리만 가능했다면 '걷는다'라는 행동 기반적 사고를 처리하는 데 지금보다는 어려움이 있었을지도 모른다. AI 연구자들은 이런 인간의 복합적 인지 과정을 모방하기 위해 멀티모달 AI 개발에 착수했다. 2021년 오픈AI의 CLIP 모델 발표는 이 분야의 중요한 이정표가 됐다. CLIP은 텍스트와 이미지를 동시에 이해하고 관계를 파악할 수 있는 능력을 보여 줬다. 이는 AI가 인간의 복합적 인지 과정에 한 걸음 더 가까워졌음을 의미한다. 2024년 현재, ChatGPT4 Omni와 같은 모델들은 CLIP을 훨씬 뛰어넘는 성능을 보여 준다. 이들은 텍스트, 이미지, 음성을 동시에 처리할 수 있을 뿐만 아니라, 이들 사이의 복잡한 관계를 이해하고 새로운 콘텐츠를 생성할 수 있다. 예를 들어, 사용자가 "노을이 지는 해변에서 서핑하는 사람들"이라는 텍스트 프롬프트를 제공하면, AI는 이에 맞는 이미지를 생성하고, 동시에 파도 소리와 갈매기 울음소리가 섞인 배경음을 만들어 낼 수 있다. 이런 기술의 발전은 창작 영역에서 혁명적 변화를 가져오고 있다. 예술가들은 이제 자신의 상상을 더욱 풍부하고 다양한 방식으로 표현할 수 있게 됐다. 음악가는 멜로디를 흥얼거리며 AI에게 어울리는 가사와 편곡을 요청할 수 있고, 영화감독은 시나리오를 입력해 스토리보드와 배경음악을 동시에 생성할 수 있다.

## 멀티모달 창작

멀티모달 AI의 등장으로 창작 방식에도 변화가 생겼다. 특히 주목할 만한 것은 텍스트, 이미지, 비디오, 그리고 사운드로 가이드되는 창작 방식이다. 텍스트로 가이드되는 창작을 살펴보자. 지금까지 사람의 창작은 어떤 상황을 경험했을 때 생각을 언어화하지 않고 바로 이미지화하거나 소리화해 왔다. 그러나 현재는 생성형 AI에게 창작 의도를 전달하기 위해 언어를 사용한다. 이는 '프롬프트(prompt)'라고 불리는 텍스트 입력으로 AI가 추론해 결과물을 만들어 내는 방식이다. 대부분 생성형 모델에는 이러한 텍스트 가이드 기능이 기본으로 탑재해 있다. 그러나 여기에도 한계가 있다. 때로는 생각을 100% 완벽하게 언어화하기 어렵고, AI 모델들도 완벽하게 우리의 생각과 언어에 맞춰져 있지 않기 때문에, 세밀한 부분은 AI가 이해하기 쉬운 형태로 전달해야 한다. 예를 들어 "레몬 향기가 스칠 것 같은 구름들"이라는 표현보다는 "레몬색, 뭉게구름, HD" 등 AI가 쉽게 인식할 수 있는 키워드를 사용하는 것이 효과적이다. 멀티모달 AI의 특성상 텍스트뿐만 아니라 이미지, 소리 등 다양한 형태의 입력으로 창작을 가이드할 수 있다. 이는 앞으로 더욱 다양한 방식으로 발전해 창작의 새로운 가능성을 열어 갈 것이다.

멀티모달 AI의 능력은 창작에만 국한되지 않는다. 작품 비평과 해석에도 활용될 수 있다. 방대한 양의 예술 비평 관련 데이터를 학습하고 이미지, 사운드, 텍스트를 동시에 인식할 수 있는 멀티모달 AI는 작품을 보고, 듣고, 해석하며 비평하는 기능을 수행할 수 있다. 물론 AI의 비평 능력이 인간 전문가 수준에 도달했다고 보기는 어렵다. 그러나 이미 일부 AI 모델들은 작품의 스타일, 시대적 배경, 사용된 기법 등을 분석하고 설명하는 데 놀라운 능력을 보여 주고 있다. 예를 들어 마이크로소프트(Microsoft)의 KOSMOS-2 모델은 이미지와 텍스트를 동시에 이해하고 분석할 수 있으며, 예술 작품에 기본적 설명과 해석을 제공할 수 있다.

현재 앤스로픽(Anthropic)의 클로드(Claude) 모델이나 오픈AI의 GPT-4와 같은 대규모 언어 모델들은 텍스트 기반의 작품 분석과 비평에서 상당한 능력을 보여 준다. 많은 사용자들이 이러한 AI 모델들과 함께 책을 읽으며 대화를 나누거나, 작품에 대한 다양한 해석을 탐색하는 등의 활동을 하고 있다. 이러한 발전은 창작자들에게 새로운 기회를 제공한다. 우리는 다양한 형태의 데이터를 동시에 처리할 수 있는 멀티모달 AI와 함께 창작품을 제작할 수 있을 뿐만 아니라, 자신의 작품이 AI에게 어떻게 해석되고 평가될 수 있는지 실험해 볼 기회를 갖게 되었다.

멀티모달 AI의 발전은 우리의 일상생활에도 큰 변화

를 가져올 것이다. 예를 들어, 스마트홈 시스템은 사용자의 표정, 말투, 행동 패턴을 종합적으로 분석해 개인화한 서비스를 제공할 수 있다. 교육 분야에서는 학생의 표정, 목소리, 답변 내용을 동시에 분석해 개별 학습자에게 최적화한 학습 경험을 제공할 수 있을 것이다. 그러나 이런 기술의 발전은 새로운 윤리적, 법적 문제를 제기한다. 개인정보 보호, 데이터 편향성, AI 생성 콘텐츠의 저작권 등 다양한 이슈들이 등장하고 있다. 우리는 이런 기술의 혜택을 누리면서도 동시에 그것이 가져올 수 있는 부작용에 대비해야 한다. 하지만 이런 발전이 인간 창작자의 역할을 완전히 대체하지는 않을 것이다. 오히려 AI는 창작자의 능력을 확장하고 새로운 형태의 협업을 가능케 하는 도구로 자리 잡고 있다. 창작자는 AI의 제안을 바탕으로 자신만의 독특한 시각과 경험을 더해 작품을 완성해 나갈 수 있다.

멀티모달 AI는 우리의 창작과 일상을 크게 변화시킬 잠재력을 가지고 있다. 그러나 이 기술을 어떻게 활용하고 발전시킬 것인지는 우리의 몫이다. 우리는 이 기술을 인간의 창의성과 능력을 확장하는 도구로 활용하면서, 동시에 그것이 가져올 수 있는 윤리, 사회 문제를 지속적으로 고민하고 대비해 나가야 할 것이다. 멀티모달 AI는 이제 창작자와 영감을 나누는 존재이자 작업의 기능을 향상하는 동반자로서 우리 곁에 아주 가까이 존재하고 있다. 이러한 기술의 발전이 창작의 본질을 어떻게 변화시킬지, 그리고 우리가 이를 어떻게 활용할 수 있을지는 앞으로도 계속 탐구해야 할 것이다. 우리는 이 새로운 시대의 문턱에 서 있으며, 그 안에서 무한한 가능성과 도전을 마주하고 있다.

## 04
# 잠재 공간

정보가 존재하는 공간, 하지만 찾기는 어려운 공간. 잠재 공간은 학습된 데이터의 본질적 특성이 압축된 추상 영역이다. 이 공간에서 AI는 새로운 정보를 생성하고 조작하지만, 그 과정은 인간의 직관적 이해를 벗어난다. 창작자에게 잠재 공간은 무한한 가능성의 원천이자 예측 불가능한 미지의 영역이다. 잠재 공간의 개념과 원리를 파악하는 것이 AI 창작의 새로운 지평을 여는 열쇠가 될 것이다.

AI를 살펴볼 때 사람의 기억장치와 비교해 두드러진 환경적 특징은 바로 '잠재 공간(latent space)'이다. 사람의 두뇌에서 기억이라는 정보가 어떻게 존재하고 작동하는지는 알 수 없지만, 적어도 기계 학습에서는 잠재 공간이라는 고차원 정보 공간에 학습된 정보들, 필요한 정보들이 존재한다.

기계 학습 시 학습 데이터의 모든 정보를 기본 정보(예: 이미지의 경우 픽셀 정보)로 연산하며 특징을 파악하려면, 지금과 같은 4K 해상도의 이미지는 엄두도 못 낼 것이고, 아주 작은 이미지들조차 학습시키거나 처리하는 데에도 어마어마한 계산력이 필요할 것이다. 왜냐하면 이미지의 픽셀 하나하나의 변화를 다 저장하고 연산해야 하기 때문이다.

그래서 기계 학습의 효율을 높일 수 있는 방법으로 데이터의 기본 정보들을 기억하기보다 필요한 정보, 즉 반복되는 추상적 정보(예: 이미지 안에 존재하는 물체의 형태, 패턴 등 특징)를 추출해 저장하게 하면 훨씬 적은 연산량으로 정확도를 높일 수 있다. 잠재 공간에 존재하는 학습 데이터들의 특징 정보에 따라 새로 들어오는 입력 값을 확률적으로 분류하거나 새로운 데이터를 생성하는 방법이 픽셀 정보로 특징을 파악하는 방법보다는 빠르고 효율적이다. 이런 고차원의 특징 정보들이 존재하는 공간인 잠재 공간이 AI에 존재한다. 따라서 "빨간 모자", "단발머리"와 같이 학습 데이터(이미지) 안에 존재하는 추상화된 개념, 고차원 특징들은 AI의 잠재공간에 압축되어 존재한다.

## 고차원 공간

그렇다면 잠재 공간처럼 고차원 공간이라는 것이 무엇일까? 3차원 공간에 익숙한 우리는 사실 심상적으로 고차원 공간을 이해하기 어렵다. 다만 AI는 이 잠재 공간에 저장된 정보들을 조합해 새로 들어온 이미지를 분석해 확률적 분류와 인식을 하기도 하고, 또 잠재 공간에 있는 정보들을 합성해 이미지, 소리, 텍스트를 생성하기도 한다는 정도로만 이해할 수 있을 뿐이다. 고차원 정보 공간에서 원하는 특징의 대략적 방향만 가이드해 줄 수 있다는 것이다.

잠재 공간에 있는 정보들은 인코딩(encoding)이라는 정보 압축 과정을 거쳐 저장되며, 디코딩(decoding)이라는 과정으로 다시 복원되거나 새로운 이미지를 생성하기도 한다. 싱글모달리티에서는 이미지로만 학습시킨 모델에서 학습된 이미지들의 특징을 저장하고 있다가

디코더를 통해서 다시 이미지를 만들기도 하고, 멀티모달리티에서는 디코딩 과정에 텍스트로 가이드해 원하는 이미지 생성으로 유도하기도 한다.

학습된 데이터들의 중요한 정보들이 존재하는 잠재 공간은 고차원이고 복잡하며 비선형적이기 때문에 해석의 어려움이 가중된다(위키피디아). 이처럼 잠재 공간은 직관적이지 않기 때문에 우리의 추론만으로는 제어나 조절이 어려우며, 다만 고차원 정보를 저차원으로 확인해 볼 수 있는 차원 축소 방법으로 보다 더 직관적 정보의 관계성을 표현할 수는 있다.

하지만 앞서 언급했듯이 고차원의 잠재 공간을 정확히 이해해 내가 원하는 방향으로 잠재 공간 정보들을 세밀히 조정하기는 어렵기 때문에 우리가 만드는 대부분의 인공 결과물들이 우연성을 가지고 있는 것처럼 보일 수밖에 없다. 텍스트 프롬프트로 이미지를 생성하는 서비스들(미드저니, 달리, 레오나르도 등)에서 우리는 텍스트로 이미지의 큰 방향과 스타일은 지정해 줄 수 있지만, 세부적인 부분들, 어떤 물체가 어떤 물체 앞에 있어야 하며, 어떤 구도를 가져야 하는지 등을 텍스트로만 제어하기엔 한계가 있다. 이는 바로 잠재 공간에 존재하는 정보들의 구성, 위치, 연관성이 완벽하게 통제가 되지 않기 때문이다.

이러한 이유로 잠재 공간의 정보를 조합해 만들어지는 AI 결과물들은 세밀한 요소들이 적어도 사람의 눈에는 예측 불허할 수밖에 없고 일관적이지 않아 보인다. 하지만 학습된 기계 환경에서는 분명한 이유가 있을 것이다. 기계는 의도가 없기 때문에 주어진 데이터, 계산법, 가중치 등의 연산에서 나오는 결과물에 대한 합리적 이유는 분명 존재한다. 우리가 이해할 수 없을 뿐이다.

잠재 공간의 탐험이 불확실하기 때문에, 일관성이 창작의 중요한 가치 중 하나인 인간의 창작 과정에 AI 기술을 사용하려 한다면 우리에게 필요한 일관성을 유지하기 위해 더 많은 기술이 필요하다. 아이러니하지만 기술의 한계 혹은 특성 때문에 더 많은 기술이 필요하게 된 상황이다. 그래서 학습된 모델에서 만들어지는 결과물에 일관성을 만들어 주고자 특정 데이터를 인위적으로 주입하거나 다양한 기술(모델의 파인튜닝, LoRA, IPAdapter 등)로 인공 결과물에 스타일적 일관성, 형태적 일관성, 움직임의 일관성을 적용하려 한다.

이러한 인위적 방법은 어쩌면 잠재 공간을 파악해 특정 요소를 원하는 방향으로 조절하는 것이 불가능하기 때문에, 어떻게 보면 억지로 해당 정보들을 더 강화해 결과물에 적용되게 하고 있을 뿐이다. 그렇게 보면, 우리가 과연 AI의 본질적 특성을 잘 활용하고 있는 것인가 하는 의문이 든다. 이 정보가 모여 있는 고차원 공간을 제대로 활용하고 있는 것일까?

## N차원 정보

잠재 공간을 조금 더 깊게 알아보고자 한다면 초기 이미지 인식 모델의 아키텍처(architecture)를 보면 이해가 쉬울 수도 있다. 가로 224픽셀, 세로 224픽셀, 그리고 RGB 채널로 구성된 이미지가 있다고 가정해 보자. 이미지의 크기는 224x224x3으로 모두 15만 528개의 픽셀들, 즉 15만 528차원의 정보 공간이 존재한다.

스테이블 디퓨전(Stable Diffusion) 1.5는 512x512 3채널 이미지들로 학습되었고 스테이블 디퓨전 XL은 1024 크기의 이미지로 학습이 되었다. 1.5 모델은 78만 6432차원이 필요하고 XL 모델은 314만 5728차원이 필요하다. 상상하기도 어려운 차원이다.

그중 어떤 픽셀은 희미한 배경을 구성하는 픽셀일 수도 있고, 어떤 정보는 이미지 안에 존재하는 중요한 정보에 영향을 전혀 안 미치는 픽셀일 수도 있다. 그래서 보다 효율적으로 AI를 학습시키기 위해 학습 레이어마다 특정 정보를 찾아 저장하게 한다. 어떤 레이어는 이미지 속에 존재하는 여러 가지 형태들의 외곽선 정보를 저장하고, 어떤 레이어는 이미지의 패턴과 색을 저장한다. 그리고 정보 저장에 크게 영향을 미치지 않는 상태에서 이미지 크기는 효율적으로 줄어들어야 연산할 정보량과 크기가 줄어든다. 그렇게 압축된 정보들은 잠재 공간에 존재한다.

## 추상화한 정보

그렇다면 고차원의 잠재 공간에서 정보가 추상적으로 존재한다는 건 어떤 의미일까? 예를 들어 '모자를 쓴 소녀'라는 태그가 붙은 이미지들이 있다고 가정해 보자. 잠재 공간에서는 이 이미지 속 모자와 소녀를 구성하는 픽셀 정보를 저장하는 것이 아니라 이미지의 추상적 의미들, '모자', '소녀', '모자를 쓰고 있는 형태', '모자의 색깔' 등을 저장하게 된다. 우리는 이것을 특징이라 부르며 이미지에서 발견할 수 있는 여러 가지 추상 정보로 떠올릴 수 있다.

다시 말해 AI는 잠재 공간이라는 정보들이 존재하는 고차원 공간에서 이미지를 구성하고 있는 기본 정보, 즉 픽셀 데이터의 색 정보로 데이터들을 기억하고 있는 것이 아니라 고차원의 추상 정보로 데이터들을 기억한다. 이러한 추상 정보들을 조합해 '빨간 모자를 쓴 소녀'와 '파란 가방을 메고 있는 어린이' 이미지들이 학습된 모델에서 '파란 모자를 쓴 소녀', '빨간 가방을 메고 있는 어린이', 혹은 '모자를 메고 있는 가방' 등 다른 정보와 교차로 조합해 생성이 가능하다. 이러한 생성 기능은 우리가 상상하는 많은 환상적 이미지들, 현실에 존재하지 않는 무언가를 만들어 낼 수 있다.

하지만 역시나 잠재 공간 정보 제어에서 '약간 삐뚤게 쓰고 있는 모자' 혹은 "30도가량 돌려 쓰고 있는 모자" 등 세부 지시는 쉽지 않다. 다행히 관련해 학습 데이터가 있다면, 그래서 특성으로 존재한다면 생성이 가능할 수도 있으나 쉽지 않다. 따라서 우리가 원하는 결과물을 위해 원하는 형태 정보가 있는 이미지를 강제 주입해 가중치를 높이는 방법으로 원하는 결과물을 만들어 낸다.

## 잠재 공간의 이해, 모델의 해석

그렇다면 잠재 공간을 이해하려는 연구와 시도는 멈춘 것일까? 그렇지 않다. 앤스로픽에서 2024년 5월 24일 발표한 연구["Mapping the Mind of a Large Language Model(거대 언어모델의 매핑)"]를 보면 클로드 3 소네트

(Claude 3 Sonnet)의 내부 작동을 이해하는 데 성공했다고 한다.

사실 그 이전으로 돌아가면 다양한 차원의 축소 방법(t-SNE, UMAP 등)을 사용해 수집한 데이터, 학습한 데이터의 중요 정보를 기반으로 어떻게 데이터가 군집화했는지, 잠재 공간에서 어떤 형태로 존재하는지를 고차원에서 저차원으로 변환해 이해하려는 시도를 해 왔다. 잠재 공간의 전체를 이해할 수는 없어도 정보 간 관련성 이해도는 높이고자 연구해 왔으나, 이미 모델의 크기가 감당하기 어려운 정도로 커져 버렸기 때문에 '왜 학습된 모델은 이렇게 작동할까'의 답을 찾으려는 의지조차 사라져 버렸는지도 모른다.

하지만 잠재 공간의 시각화는 정보적 관점뿐만 아니라 시각적으로도 무척 매력적이었기 때문에 창작의 시선에서는 여전히 매력적이다. 너무나 잘 알려진 레픽 아나돌(Refik Aadol)과 오우시(OUCHHH)의 경우 잠재 공간에서 데이터 군집 형태와 연관성을 시각화해 작품으로 활용하기도 하고 오브제로 만들어 판매하기도 한다. 시각적 매력만으로는 정보를 이해하기 어렵긴 하지만, 그만큼 고차원의 잠재 공간은 미지의 영역이고 연구의 대상이기도 하기에 창작자들에게는 영감의 시작이 될 수도 있다.

현재 잠재 공간의 완전한 제어는 불가능하지만, 연구가 진전됨에 따라 점차 더 정교한 제어 방법을 개발하고 있다. 이는 스타일 전이, 조건부 생성, 속성 조작 등의 기술 발전을 통해 창작자들에게 더 정교한 이미지 생성, 크로스 모달 창작, 개인화한 AI 창작 도구, 상호작용적 창작 프로세스 등 새로운 가능성을 열어 준다. 비록 인간의 창의성을 대체하지는 않겠지만 오히려 새로운 도구와 표현 방식을 제공해 인간의 창의성을 증폭하고 새로운 예술 형태를 탐험할 수 있게 해 줄 것이다. 결국 잠재 공간의 이해와 제어는 기술적 도전이면서 동시에 창의적 가능성의 무한한 확장이 될 것이다.

## 05
## 일관성과 우연성

나는 붙잡으려 하고, 너는 움직이려 하고.
AI 창작에서 일관성 유지는 도전 과제다. 잠재 공간의 미세한 변화가 큰 차이를 만들어 내기 때문이다. 이로 인해 우연성이 지배적으로 발현되며, 이는 AI 창작의 본질적 특성이 된다. 창작자는 이제 의도적 통제와 AI의 예측 불가능한 결과 사이에서 균형을 찾아야 한다. 우연을 활용하고 관리하는 능력이 새로운 창작 기술이 되며, 이는 기존 창작 방식과 소비 패러다임의 변화를 이끈다.

창작품을 평가할 때 우리는 다양한 가치를 찾는다. 작품 속 개연성으로 이해하기도 하고, 의외의 지점에서 놀라며, 작가의 독창성에 감탄한다. 그중에서도 처음부터 끝까지 일맥상통하는 큰 흐름을 유지하는 일관성 역시 작품의 창작성을 평가하는 중요한 지표 중 하나다. 음악, 영상, 소설 등 인간이 만들어 온 많은 창작 세계 속에서 일관성을 가지고 펼쳐지는 전개는 창작자의 시선으로 작품의 흐름을 따라가며 상상하게 한다. 어쩌면 우리가 타인을 이해하고 이해시키는 공감의 가장 근본적 방법이 일관적 시선일지도 모르겠다. 나와 다른 무언가를 이해하려면 타자의 시선으로 전후 관계를 살펴보며 감정의 변화를 따라가야 받아들여지기 때문이다. 그래서 우리는 소설 속 주인공의 변덕을 반기지 않고, 개연성 없는 떡밥에 실망하며, 전체를 관통하는 단일 주제를 기억하려고 스타일과 메시지를 읽어 내려 한다. 게슈탈트 심리학의 연속성 법칙(Law of Continuity)에 따르면, 인간의 지각 시스템은 연속적이고 일관된 패턴을 선호한다고 한다. 이는 우리의 뇌가 정보를 효율적으로 처리하고 의미를 부여하는 방식과 밀접하게 연관되어 있기 때문이다. 일관성 있는 내러티브나 시각적 요소는 인지적 부하를 줄이고, 더 깊은 이해와 몰입을 가능하게 하며 창작품의 가치를 더욱 높여 준다.

그러나 AI 환경에서는 일관성의 개념이 다르게 적용된다. 제어 불가능의 영역인 정보의 공간, 잠재 공간 덕분에 계속되는 우연이 (우연처럼 보이는) 이 환경의 기본 값이 된 것이다. 끊임없이 변하는 이미지의 형태와 맥락들. AI로 만든 결과물을 보면 전체를 아우르는 큰 방향과 의미는 유지될지 모르지만 창작품의 세부 요소들은 끊임없이 변하고 또 변한다. 마치 우연이 반복되면 인연이 되는 것처럼 말이다.

## AI 창작의 일관성 유지 기술

사람들은 지금까지 일관적 의도를 창작의 기본으로 생각했다. 드라마에서 주인공이 갑자기 바뀌는 경우도 없고, 영상 속 사과가 갑자기 고양이로 변하는 일도 없다. 문맥상 그래야만 한다면 모를까. 최대한 자연스러운 전개를 위해 우리는 일관적 시선의 창작을 만든다. 그래서 일관성 유지가 어려운 AI로 창작할 때는 지금까지의 창작 과정에서 멀어지지 않게 결과물의 일관성을 유지할 수 있게 여러 가지 기술적 방법을 시도한다.

먼저 모델의 재학습이 있다. 파인튜닝(fine-tuning)이라고 하는 이 기술은 이미 학습한 모델의 최종 가중치 값에 특정 정보 값을 주입해 강압적으로 특정 정보의 가중치를 높이는 것이다. 그렇게 모델의 가중치 값을 조정하면 그 모델을 사용해 생성한 결과물들은 특정 스타일을 유지할 수 있다. 예를 들어, GPT-3와 같은 대규모 언어 모델을 특정 작가의 글쓰기 스타일로 파인튜닝하면, 그 작가의 스타일을 모방한 텍스트를 생성할 수 있다. 드림부스(Dreambooth)라는 기술은 모델을 재훈련시키는 또 다른 방법이다. 이 기술은 특히 이미지 생성 모델에서 많이 사용하는데, 사용자가 제공한 소수의 이미지만으로도 특정 대상이나 스타일을 학습할 수 있게 해 준다. 예를 들어, 자신의 애완동물 사진 몇 장만으로도 자신의 애완동물을 닮은 다양한 상황과 스타일의 이미지를 생성할 수 있게 되는 것이다. LoRA(Low-Rank Adaptation)는 학습된 모델에 패치 형태로 추가하는 방법이다. 이 기술은 모델의 전체 가중치를 수정하지 않고도 특정 작업에 대한 성능을 향상시킬 수 있어 계산 효율성이 높다. 예를 들어, 대규모 언어 모델에 LoRA를 적용해 특정 도메인의 전문 용어를 더 잘 이해하고 생성하게 만들 수 있다. 그리고 한시적이지만 특정 이미지의 정보를 주입하는 IPAdapter 등의 기술로 이미지와 영상 속 스타일을 유지할 수 있게 한다. 이 기술은 이미지 생성 모델이 참조 이미지의 스타일이나 구조를 따라 새로운 이미지를 생성할 수 있게 한다.

그런데 이렇게 모델 자체에 정보를 주입하는 방법들은 좀 더 세밀한 정보, 특별한 정보의 일관성을 유지하는 데는 어려움이 있다. 그래서 이미지의 형태, 구도를 일관적으로 유지하기 위해 만들어진 컨트롤넷(ControlNet)이라든가, 영상에서 움직임의 일관성을 유지하는 기술로 애니메이트디프(AnimateDiff)나 스트러블모션(Steerable Motion) 등이 있다. 컨트롤넷은 이미지 생성 과정에서 추가 조건을 부여할 수 있게 해 주는 기술이다. 예를 들어, 스케치나 포즈 정보를 입력으로 제공하면, 생성되는 이미지가 이러한 구조적 정보를 따르게 한다. 이를 통해 사용자는 생성되는 이미지의 전체 구조나 레이아웃을 더 정확히 제어할 수 있다. 애니메이트디프와 스트러블 모션은 비디오 생성에서 움직미의 일관성을 유지하는 데 도움을 주는 기술이다. 이들은 연속된 프레임 간의 움직임을 자연스럽게 만들어, 생성된 비디오가 더 현실적이고 일관된 움직임을 갖게 한다. 예를 들어, 캐릭터가 걷는 애니메이션을 생성할 때, 이 기술들은 캐릭터의 움직임이 물리적으로 자연스럽고 시간에 따라 일관되게 유지되게 한다.

이처럼 학습된 AI 모델에 특정 이미지 정보, 형태 정보, 움직임 정보를 추가로 학습시키거나 워크플로(workflow)에서 주입해 일관성을 유지한다면, 파라미터(parameter) 조합으로 얻을 수 있는 일관성보다 조금 더 강력하게 제어할 수는 있다. 그러나 여전히 의문은 남는다. 우리가 AI의 생성적 창작 환경을 제대로 활용하고 있는 것인가? 인간 중심의 창작 과정에 도구로서 사용하는 AI가 앞으로의 창작 생태계의 방향인가?

## 우연, 기대, 노력

AI가 학습한 특징 정보가 존재하는 잠재 공간에서는 아주 작은 수치적 변화만으로도 아주 큰 차이를 만들어 낸다. 하지만 우리는 그 결과들의 차이가 어떤 이유에서 나오는지 완벽하게 알지 못하기 때문에, AI로 창작할 때는 우연을 기대해 계속 실험하고 실험하며 만족스러운 결과물에 도달하는 방법밖에 없다. 이러한 과정은 전통적 창작 방식과는 상당히 다르다. 전통적인 방식에서는 작가나 예술가가 처음부터 끝까지 모든 과정을 통제하고 의도를 가지고 작품을 만들어 간다. 반면 AI를 활용한 창작에서는 예측 불가능한 요소가 더 많이 개입하며, 창작자는 이러한 우연성을 활용하고 관리하는 역할을 하게 된다. 때로는 한 번에 그럴싸한 결과가 나오기도 하지만, 조금만 더 다듬고 싶어질 때면 처음에 기대 이상으로 괜찮았던 결과가 언제 그랬냐는 듯이 엉뚱한 방향으로 흘러가기 쉽다. 그래서 실험하고 또 실험하는 노력이 필요하다. 이는 마치 화가가 캔버스에 물감을 던져 우연한 패턴을 만들고, 그 패턴에서 영감을 얻어 작품을 완성해 가는 과정과 유사하다. 그래서 AI로 작업하는 많은 창작자들은 그들만의 방법으로 찾아 낸 조합들, 워크플로와 파라미터 세팅을 온라인에 공유하며 정보를 찾아 헤매는 다른 창작자들에게 필요한 정보를 나누어 주기도 한다. 이는 AI 창작의 특성을 잘 보여 주는 현상으로, 전통적인 창작에서는 보기 힘든 광범위한 지식 공유와 협력의 문화를 만들어 내고 있다. 그러나 나만의 스타일을 만들어 내려 한다면, 찾아낸 조합들의 선례에서 나만의 실험을 해야 독창적인 결과를 만들어 낼 수 있다. 이처럼 하나의 최종 작품이 엄청난 실험 끝에 얻어지는 것을 보면, 세상에 쉽게 얻어지는 것은 없다. 아무리 기술이 발달했더라도 말이다.

## 우연성의 활용과 새로운 창작 패러다임

우연처럼 보이지만 계산적 이유가 존재하는 AI 환경에

서 내가 원하는 결과물을 만들어 내려면, 생각대로 창작하는 게 아니라 기술 환경에 맞추어 창작을 해야 하는지도 모르겠다. 가능한 결과물에 맞추어 흘러가는. 그런데 이런 접근법은 이전부터 존재했다. 모더니즘 건축의 아버지라 불리는 건축가 루이 설리반(Louis H. Sullivan)의 "형태는 기능을 따른다(Form follows function)"처럼, AI 환경에서 가능한 것들, 특징들, 즉 우연적 결과물을 잘 살려서 창작하는 것이 맞을지도 모른다. 개연성 없는 우연의 연속으로 보일 수 있는 AI의 결과물들은 기계 환경에서는 분명한 이유가 있다. 학습한 데이터가 있고, 연산 방법이 있으며, 결과가 있고, 가중치에 따라 조합해 생성한다. 다만 우리 눈에 빠르게 변화하다 보니 우연의 연속처럼 보일 뿐이다. 만약 AI의 본질적인 환경과 속도가 그러하다면 우리는 어떻게 우연에서 일관성을 만들어 갈 수 있을까?

여러 가지 방법이 있겠지만, 아이러니하게도 먼저 떠오르는 것은 '홍상수 감독'의 영화 제작 방법이다. 기술 환경과 거리가 멀 것 같은 홍상수 감독의 영화 제작 방법은 (세세한 사실은 모르지만) 미디어에 노출된 것만 보더라도 대주제를 가지고 시작하지만, 변동 가능한 세부 연출이라는 것이다. 다시 말해 대주제는 일관적이되, 그

세부 사항은 상황에 따라 다르게 연출될 수 있는 열린 과정처럼, AI로 가능한 창작은 디테일의 변화에 예민하지 않고 오히려 디테일의 변화를 적극 활용해 AI가 만들어 내는 결과물이 우연성이 극대화된 연출인지도 모르겠다. 그렇기 때문에 지금까지 우리가 해오던 창작적 가치와 과정에 이 기술을 넣기보다는, 이 기술로 할 수 있는 최대치의 콘텐츠가 소비되는 시장을 창출하는 것이 맞지 않을까. 새로운 제작 방법과 함께 새로운 소비 시장이 필요한 시대다. 이러한 변화는 결국 창작과 소비의 새로운 패러다임을 형성하게 될 것이다.

AI가 주는 창작의 자유로움과 예측 불가능성은 우리에게 새로운 가능성을 열어 준다. 하지만 그것이 기존의 창작 방식을 완전히 대체하는 것은 아니다. 기존의 창작 방식과 AI의 창작 방식을 조화롭게 융합해, 더 풍부하고 다채로운 콘텐츠를 만들어 내는 것이 중요하다. 앞으로의 창작 환경에서는 이러한 융합과 조화가 필수가 될 것이다.

## 06
# 현실에서 초현실

AI는 사실을 배우고, 허구를 만들며, 만들어진 허구를 다시 배운다.
AI는 현실 데이터로 학습해 우리를 반영하는 거울이 되지만, 동시에 그 한계를 넘어 초현실적 세계를 창조한다. 창작자들은 AI를 통해 현실과 초현실의 경계를 탐험하며, 새로운 표현 방식을 발견한다. AI 창작은 우리의 상상력을 확장하기도 하지만, 데이터의 편향성과 문화적 한계를 드러내며, 생성된 초현실을 다시 학습 데이터로 활용하기도 한다.

AI는 우리의 데이터로 학습한다. 그래서 현실 세계의 많은 부분을 학습하고, 저장하며 추론할 수 있다. 아주 가깝게는 환경 데이터로 내일의 날씨를 예측하기도 하고, 카드 사용량으로 소비 패턴을 찾아 좋아할 만한 제품을 추천하기도 하며, 우리의 창작품들을 학습해서 이미지도, 글도, 영화도 만들어 낸다. 이처럼 AI는 현실의 우리를 학습하고 배우며 우리를 반추하는 거울이 될 수도 있는 기술이다. 그런데 학습된 내용으로만 움직이다 보니 학습 데이터에 존재하지 않는 세상은 만들어 낼 수 없다는 경계선도 있다. 창작자들은 이런 경계를 넘어서는 시도들, 즉 현실에 기반을 두되 현실을 넘어서는 초현실적 작업들을 AI로 시도한다. 다양한 화가들의 화풍을 섞어서 새로운 화풍을 만들어 내는 전형적인 스타일 전이부터 소피아 크레스포(Sofia Crespo)의 〈뉴럴 동물원(Neural Zoo)〉(2018~2020)처럼 현실 세상에 존재하는 여러 동식물들의 특성을 조합해 새로운 형태의 '종'을 만들어 내는 작업까지 가능하다. 현실(데이터)에서 시작해 초현실(AI) 세상으로 확장하는 창작 실험의 하나다. 또 다른 미디어 작가 프란츠 로사티(Franz Rossati)의 〈레이턴트 스케이프(Latentscape)〉라는 작업은 인공위성에서 촬영한 지구의 산맥 이미지들로 학습한 모델이 생성해 낸 현실과 비슷하지만 묘하게 다른 형태의 풍경을 만들어 낸다. 이처럼 현실에 기반을 둔 초현실적 창작품은 싱글모달리티에서 멀티모달리티로 넘어오면서 더 극대화한 현실의 재창조해 초현실 세상을 경험하게 한다.

## 초현실 세상

2016년 100여 편에 이르는 SF 대본을 학습시킨 언어 모델 AI '벤자민'이 생성한 대본으로 제작된 영화, 〈선스프링(Sunspring)〉이 소개되었다. 영화의 감독, 연출, 배우 등 영화 제작에 필요한 사람들의 개입으로 완성되었지만 대본에서는 초현실적이며 개연성 없는 대화를 끊임없이 주고받는다. "대량 실업이 일어날 미래에는 젊은이들은 피를 팔아야 해. 그게 내가 할 첫 번째 일이야", "그 소년들을 보고 조용히 해. 100살이 될 사람은 나였어" 등 도저히 이해할 수 없는 대화다. 영화가 소개된 후, 영화 속 내사 중 하나를 인용해 "너의 이야기가 하나도 이해가 되지 않아(I don't know what you're talking about)"가 이 영화를 표현하는 한 줄 평이라고 소개될 정도였다. 하지만 영화 속 맥락은 잘 보이지 않아도 AI로 만든 대본의 첫 영화로서는 충분히 의미가 있다. 이 영화가 만들어진 2016년과 지금의 멀티모달 생성형 모델들을 비교해 본다면 지금은 더 많은 다양한 데이터와 기술력으로 엄청난 수준으로 향상했다. 문맥의 개연성은 높이되 시각적으로는 더 환상적이고 초현실적인 창작이 가능하다. 아직까지 소설과 음악의 결과물들은 영상에 비해 두드러지지 않았지만 적어도 시각 결과물은 안정적인 초현실 세상을 보여 준다. 발레리나처럼 춤추는 스파게티 사람들, 무지갯빛 파도가 휘몰아치는 해변, 끊임없이 빨려들어 가는 눈동자 속 눈동자들, 그리고 영하 50도의 미래 도시까지. 우리의 상상이 어디까지 갈 수 있을까를 서로 경쟁하듯이 할 수 있는 모든 방법으로 초현실 세상을 만든다. 부조화 속 조화처럼 처음에는 낯선 형태와 움직임들이 어색하고 불편했지만 자꾸 보면 익숙해지는 것처럼 AI로 만든 영상이 SNS에서 범람하고 있는 요즘, 사람의 팔에서 다리가 나온다 한들, 크게 거부감이 들지 않는다. 그뿐만 아니라 인공 작업 특유의 미감과 움직임에 익숙해져서 어떤 결과물이 AI로 만든 것인지 아닌지 알 수 있을 정도다. 물론 기술이 발달하면서 점점 더 사실에 가까워지겠지만 사실과 가까운, 현실의 재현이 AI로 만들어 가는 창작 세계의 목적지는 아닐 것임이 분명하다. 이 기술로 할 수 있는 것들은 사실을 그대로 만들어 내려는 기술이 아니라 사실보다 훨씬 다채로운 세계이기 때문이다.

## 데이터의 재현

초현실주의는 비합리적인 잠재의식과 꿈의 세계를 탐구해 표현의 혁신을 꾀한 예술 운동이다. 제1차 세계대전 이후 이성과 인습을 반대하고 문명의 구속에서 인간의 자유와 해방을 촉진하기 위해서 시작되었던 초현실주의는 무의식의 세계를 현실의 공간에 위치시키려는 시도라고 할 수 있다(위키피디아). AI로 만들어 가는 창작은 바로 이 초현실주의적 사고에 가깝다. 다만 무의식에서 의식으로 이어지는 인간적 사고와는 다르게 학습 데이터(현실, 이성, 의식)에서 시작해 생성 결과물(초현실, 비이성, 무의식)로 어떻게 보면 반대 방향으로 흘러가는 구조다. 그런데 사람의 무의식도 결국 의식적 사고가 없다면 존재하지 않기 때문에 무의식과 의식, 이성과 비이성, 현실과 초현실은 유기적으로 영향을 줄 수밖에 없다. 그래서 AI로 창작하는 초현실은 현실의 재구성이며, 시뮬레이션이고 재현이다. 특히 생성형 모델과 함께 데이터로 시작하는 사건의 재현은 분명 시도해 볼 만한 창작의 영역 중 하나다. 데이터의 재현이란 과거의 사건들, 현재의 모습들을 기록하는 사실의 조각인 데이터를 수집해 분석하고 결과를 도출해 우리가 눈으로 확인할 수 없었던 과거와 현재를 재현하고 확장하는 것이다. 예를 들어 과거의 사건들은 숫자, 텍스트, 혹은 단절된 이미지로 보존되어 있기 때문에 당시의 실제를 우리는 머릿속으로 상상해 유추할 수밖에 없다. 물론 허구적 구성으로 재연 드라마나 다큐멘터리로 복원할 수 있지만 자연 현상이나 사건 사고들은 생성형 AI로 만들어 볼 수 있다. 필자가 2023년도부터 시작한 시리즈 작업 논픽셔닝픽션(nonFictioningFiction: 데이터 추론, 사실과 왜곡의 경계)은 바로 이 데이터에서 추론을 시도하는 창작 과정이다. 2010년도에서 2023년도까지 브라질 고속도로 교통사고 데이터를 살펴보면 사고 기록, 사망자 수, 교통사고의 경중, 사고 지역 등 많은 정보들을 찾아낼 수 있다. 하지만 이 모든 사건들은 수치로 기록되어 있어 우리는 현장을 상상해 볼 수밖에 없다. 이런 때 내가 가진 실제 정보들을 AI에게 주고 필요한 정보를 더 수집해(예: 사건 지역의 지리적 특성 등) 실제 현장을 이미지로 재현한다면 우리는 데이터에서 시작한 사실의 추론을 경험해 볼 수 있다. 이렇게 만들어진 결과물은 사실인지, 허구인지 그 경계가 모호하다. 물론 결과물만 본다면 허구다. 사건 지역을 직접 촬영한 것이 아니니까. 하지만 결과물을 만들어 내는 근간이 되는 정보들은 사실이기 때문에 진실도 거짓도 아닌 모호한 경계의 창작이라고 말할 수 있다. 또 하나의 재현은 직접 경험할 수 없는 무언가의 간접 경험을 만들어 내는 것이다. 유럽우주국(ESA, Eeuropean Space Agency)의 가이아(GAIA) 우주 망원경에서 관측한 천체 데이터는 우리가 직접 경험하기 어려운 우주 환경의 정보를 제공한다. 파이선(Python) 데이터 시각화 도구를 사용해 태양을 중심에 두고 주변 천체들의 위치를 점으로 구성해 볼 수는 있지만 천체 망원경으로 관측한 우주와는 많이 다른 시각적 형태다. 이 도구들은 단순히 데이터를 3차원 공간에 보여 주는 기술이기 때문이다. 하지만 생성형 AI 모델들, 그중에서 우주 이미지를 만들어 내는 데 특화된 모델이라면 3차원 공간에 점으로만 표현할 수밖에 없었던 우주 환경을 그럴듯하게 시각화할 수 있다. 마치 내가 특정 위치에서 우주를 바라보는 느낌이 들게 말이다. 천체들의 위치는 데이터에 기반을 두고 있기 때문에 사실이지만 이미지적 요소들은 생성형 모델로 만들었기에 허구다. 데이터로 시작해 AI로 완성하는 창작적 접근은 사실과 허구의 뒤섞임이라는 경험을 만들어 낸다. 마지막으로 논픽셔닝픽션을 좀 더 상상해 볼 수 있다. 바로 데이터에서 시작한 소설들이다. 서울시는 개방형 도시 정보를 시도하기 위해서 2011년부터 서울시 데이터들을 공공화했다. 도시민들의 이동을 추적할 수 있는 지하철과 버스 이동 경로 및 사용자 데이터, 서울시에 출몰한 다양한 동식물 데이터 등이 있다. 그중 서울시의 예산 지출 정보, 즉 하루 동안에 서울시가 어느 사업에 어느 정도 예산을 집행했는가를 xml 데이터 형태로 개방하고 있다. 누구나 데이터를 파싱(parsing)해 사용할 수 있다는 얘기다. 그래서 논픽셔닝픽션의 접근을 위해 매일 업데이트되는 서울시 지출 정보 데이터를 가져와 짧은 소설을 쓰고 그 내용을 SNS(https://x.com/news_seoulCity)에서 송출한다. 예를 들어 2024년 7월 26일, 중랑 소방서 행정과의 업무추진비 관련 데이터는 이렇게 확장할 수 있다. "2024년 07월 26일, 서울의 중랑 소방서 소방행정과, 기관 운영 업무추진비 20만 7000원이 승인된 날, 해커 트리아가 소방서의 서버를 해킹하며 사건이 시작되었다. 그들은 소방서의 데이터를 탈취하려 했고, 곧바로 서울 전역의 긴급 대응 시스템이 마비됐다. 하지만 이 소식은 헬리콥터…(중략)". 이처럼 데이터에서 시작한 창작은 AI와 함께 재현되고 또 초현실적 세상으로 이어진다.

## 부족한 문화 데이터

그런데 AI는 모든 현실을 반영하지는 못한다. 현실에 존재하는 모든 것들이 디지털 데이터화해 존재하지 않을 뿐더러 어떤 데이터의 특성이 어떤 데이터보다 더 가중치가 높은지 아닌지 역시 왜곡되어 있다. 이런 편향성은 모델이 사용될수록 증폭된다. 모델에서 부족한 데이터는 표현의 한계를 가져오기도 하는데 생성되어 나오는 강아지 이미지들은 예쁘게 그루밍된 모습만 반복될 뿐이다. 그뿐만 아니라 특정 문화권은 특성이 모호해져서 구분되기 어렵기도 하다. 예를 들어 "한국적 건축물"을 이야기해도 한국, 중국, 일본 그리고 동양권 문화 특성이 섞여 나온다. 모델에 현실이 제대로 반영되지 않는다면 AI로 생성되는 창작물들은 편향된 초현실을 만들어 내게 되며, 우리는 그 편향된 시각에 갇혀 버릴지도 모른다. '불편한 골짜기(uncanny valley, 인공적 개체가 인간과 유사해질수록 호감도가 증가하다가 어느 순간 급격히 떨어지는 현상)'는 정확하지 않은 묘사가 아니라 어쩌면 반복되는 편향적 초현실 세상일지도 모른다.

이러한 한계를 인식하고 개선해 나가는 것이 중요하다. 다양한 문화와 관점을 포함하는 데이터세트를 구축하고, 모델의 편향성을 지속적으로 모니터링하며 수정해 나가는 노력이 필요하다. 또한 AI 창작물을 해석하고 활용할 때 이러한 한계점을 염두에 두고 비판적으로 접근해야 한다.

결론적으로, AI는 현실 세계의 데이터를 기반으로 초현실적인 창작물을 만들어 내는 강력한 도구가 되었다. 그러나 이는 단순히 현실의 모방이 아닌, 현실을 재해석하고 확장하는 과정이다. 데이터의 재현을 통해 우리는 과거와 현재를 새로운 방식으로 경험할 수 있으며, 상상력의 한계를 넓힐 수 있다. 동시에 우리는 AI의 한계와 편향성을 인식하고, 이를 극복하기 위해 노력해야 한다. 이를 통해 우리는 더욱 풍부하고 다양한 초현실 세계를 창조할 수 있으며, AI와 인간의 창의성이 만나는 새로운 예술의 지평을 열어갈 수 있을 것이다.

## 07
## 스토리텔링 혹은 합성 미학

눈이 즐겁거나, 생각이 즐겁거나.
AI 창작은 공감을 불러일으키는 스토리텔링에 초점을 맞추거나 시각적 아름다움을 극대화하는 합성미학을 추구한다. 전자는 기술을 도구로 활용해 문화와 세대를 초월한 이야기를 만들어 내고, 후자는 기술 자체의 가능성을 탐구하며 새로운 시각 경험을 창출한다. 이 두 방향 모두 다른 방식으로 AI의 창의성을 발현하며, 전통적 예술 개념의 경계를 넓히고 있다.

문화적 공감대는 언어, 세대, 그리고 국경을 초월해 얼마나 비슷한 환경에 노출되었는가에 따라 다를 수 있다. 그렇기 때문에 할리우드 영화에 익숙해진 할리우드 키드 같은 특정 집단을 의미하는 명칭이 생기기도 하고 하나의 문화권에도 세대별, 직업별, 분야별로 다양한 집단명과 집단 언어가 존재하기도 한다. 그런데 오랜 시간 동안 사람들에게 울림을 주는 창작품은 문화와 세대의 장벽을 넘어 시간을 초월한 채 우리 모두와 공감대를 형성하고 그 가치를 인정받는다. 아름다운 창작품이란 단지 시각적, 청각적 미학만을 이야기하는 것이라기보다는 사람들의 생각을 확장하고 나와 같은 부분에 공감하며 나와 다른 부분에서 이해하게 되는 마음을 갖게 영향을 주는 것이 아닐까 한다. AI 창작에서도 공감의 미학, 철학의 미학을 만들어 볼 수 있을까? 지금의 AI 창작은 크게 두 가지 갈래로 나눌 수 있다.

## 스토리텔링

사람의 손으로 만들어 왔던 지금까지의 창작품들은 기술을 도구로 사용한다 하더라도 작가의 생각을 관철하고 견고하게 만드는 데 부족함이 없었다. 하지만 통제가 어려운 AI 환경에서는 작가의 일관적 의도를 표현하는 것이 까다롭다. 그럼에도 몇몇 작가들은 AI 기술을 현명하게 사용해 사람들로 하여금 공감할 수 있는 스토리텔링을 만들어 가고 있다. 싱가포르 작가 나이스언티즈(Niceaunties)는 SNS를 적극 활용하는 AI 작가다. 그녀는 원래 건축을 전공했고 AI 기술 자체에 대한 공학적 이해도는 없었지만 AI로 창작이 가능한 다양한 서비스를 사용해 세대와 문화를 넘어서는 창작을 하고 있다. 동양인 할머니의 사회적 이미지는 귀엽고 장난스러우며 따뜻한 유머가 있는 세대로 인식된다. 나이스언티즈는 동양인 할머니의 매력을 AI 기술로 극대화해 동양권 문화, 반려묘 문화, 음식 문화 등 재미있는 요소를 동양인 할머니들에게 적용해 사람들을 즐겁게 하는 이미지와 영상을 만든다. 나이스언티즈의 AI 창작 접근이 흥미로운 것은 기술을 기술적으로 어렵게 접근하지 않고 스토리로 접근했다는 점이다. 우리가 창작에 기술을 활용할 때 자칫 잘못하면 기술 시연처럼 보일 수 있다. 새로운 기술에 너무 심취한 나머지 창작 본연의 생각과 철학을 담기보다는 기술을 시도하는 환경으로 창작을 사용하는 실수를 저지르기도 한다. 나이스언티즈는 AI 기술의 현란함을 과시하기보다는 평소에 표현하기 어려웠던 동양인 할머니의 친근한 귀여움을 AI 기술로 절묘하게 접근했다. 폴란드 사진작가 루페 라이니스토(Roope Rainisto)는 매체 이해도가 좋은 스토리텔링을 만들어 낸 사례로 볼 수 있다. 1980년대의 미국 '휴가'에 대한 생각을 AI로 만든 이미지들로 확장해 '휴가'에 대한 동경과 뒤틀린 욕망을 절묘하게 표현했다. 특히 1980년대 라이프 매거진의 표지 같은 색감과 명암은 화려한 휴가의 모습을 보여준다. AI로 생성한 이미지에서 자주 발견되는 불편한 골짜기(uncanny valley)를 오히려 적극 활용해 행복하고 글래머러스(glamorous)한 휴가의 장면들에서 뒤틀린 팔다리의 모습들, 삐뚤어진 얼굴 형태를 극대화해 보여주며 행복과 뒤틀림의 표현을 공존하게 만들었다.

나이스언티즈도 루페 라이니스토도 모두 AI 기술에 작가가 적극 개입하기보다는 잘 다듬어진 기술을 활용하는 현명한 방법을 스스로 찾아낸 사례로 볼 수 있다. 좋은 스토리텔링은 기술을 기술로 설명하기보다는 창작 영역에서 그 기술이 꼭 필요한 부분을 찾아 결과물을 더 단단하게 하고 생각을 완성하는 것이 아닐까.

## 합성미학

AI를 활용한 창작자들의 또 다른 갈래는 바로 시각적 아름다움을 극대화하는 사람들이다. 창작자들 중에는 기술을 탐구해 나만의 독특한 결과물을 만들어 내는 데 집중하는 시각예술가들이 있다. 컴퓨테이션 알고리즘을 창작에 사용해 생성 예술을 시도했던 작가들은 자가 증식이나 프랙탈 알고리즘(fractal algorithm)에서 시각적 미학을 찾아냈고, 데이터 시각화를 시도했던 작가들은 데이터를 수집하고 처리하는 과정을 시각적으로 표현함으로써 데이터가 흘러가는 대로 그려지는 결과물에 집중했다. 넷아트(net art), 웹아트(web art) 등 때로는 의미적으로 기술 환경에 접근하는 작품들도 있지만 많은 작품들이 기술을 시각적 아름다움의 증폭 도구로 실험했는데, 이제는 AI 기술이 그들에게 새로운 도전이 되었다. AI 기술을 창작에서 실험하던 초기에는 모델 자체를 변형하거나 모델 학습에 작가적 실험을 적극 개입해 결과물의 독창성을 시도했다. 아나 라이더(Anna Ridler)의 〈모자이크 바이러스(Mosaic Virus)〉(2019)처럼 작가가 직접 학습 데이터를 만들어 모델 학습을 하기도 했으나 지금 AI 모델은 너무 거대해지고 점점 일반화해 모델 자체를 변형하고 조정하는 것으로 시각적 결과물의 차이를 만들기보다는 이미 학습된 다양한 모델들을 조합하고 개인화한 정보들을 추가해 결과물의 차이를 만들고 있다. 어떻게 보면 시각적 차별성을 만들 수 있는 조합을 디자인하는 것이 지금의 AI 창작 활동이라고 할 수도 있다. 카메라 연출을 조정하는 기술을 어떻게 조합하느냐에 따라 그리고 초기 이미지 정보가 어떻게 적용되느냐에 따라 결과물이 확연히 달라지기 때문이다.

AI 창작에서 현재 대중적으로 가장 많이 사용되는 방법은 ComfyUI라는 오픈소스(open source)형 인터페이스(interface)다. 이 인터페이스에서는 다양한 워크플로(work flow)를 만들고 실험해 차별화한 창작성을 만들어가는 데 유리하다. ComfyUI는 노드(node) 기반 시스템으로, 사용자가 복잡한 이미지 생성 파이프라인을 시각적으로 구성할 수 있게 해준다. 구독형 AI 창작 툴과는 다르게 ComfyUI는 더 높은 수준의 유연성과 제어를 제공한다. ComfyUI의 주요 특징 중 하나는 다양한 입력을 지원한다는 점이다. 텍스트, 이미지, 비디오, 사운드 등 여러 종류의 데이터를 동시에 처리할 수 있어, 복합적 창작 프로세스가 가능하다. 또한 생성 과정에서 사용되는 샘플러(sampler)와 파라미터(parameter) 조정에 높은 자유도를 제공해, 창작자가 원하는 결과를 더 정밀하게 얻을 수 있게 해준다. ComfyUI의 또 다른 강점은 그 확장성에 있다. 새로 개발된 알고리즘을 쉽게 노드화해 적용할 수 있어, 최신 기술을 창작 과정에 빠르게 도입할 수 있다. 더불어 사용자가 직접 노드를 만들거나 수정할 수 있어, 각자의 필요에 맞는 고유한 워크플로를 생성할 수 있다는 점도 큰 장점이다. 이러한 특징들로 ComfyUI는 이미 다듬어진 모델을 제공하는 서비스를 활용하는 것보다 시각적 실험에 훨씬 더 자유롭다. 그러나 이는 동시에 사용자에게 더 높은 수준의 기술적 이해를 요구한다. 기술적 진입 장벽이 상대적으로 높기 때문에 익숙해지기까지 창작자들의 시간과 노력이 필요하다. 하지만 본인만의 독특한 감성을 담은 시각물을 만들어 보고 싶다면 AI 환경에 조금 더 깊이 개입하는 이러한 창작 환경과 끊임없는 실험은 절대적으로 필요하다.

이렇게 만들어진 결과물들은 시각적 화려함이 극대화해 그 어떤 특수효과에서도 보지 못했던 영상들이다. 우리는 이것을 "합성미학(synthetic aesthetics)"이라고 한다. 합성미학은 AI와 다른 디지털 기술을 사용해 만들어진 새로운 형태의 시각적 표현을 의미하며, 때로는 현실에서는 불가능한 이미지나 경험을 창조해 낸다. 이 합성미학에 주력하고 있는 작가들 역시, 기존의 작가들과 다른 행보를 이어가고 있다. 이 창작 집단은 주로 온라인에서 보다 활발하게 활동하며 본명 대신 스크린 이름을 사용하고(Pxl.pshr, boldtron, Anya Asano, dvsmethid, jonuriarte 등) 인스타그램과 X 계정에 작업을 선보이며, 유튜브로 워크숍을 실황 중계하고, 디스코드에서 커뮤니티를 만들며, 레딧에 정보를 공유하고, NFT로 작품을 판매한다는 특징이 있다. 오프라인 갤러리에서도 종종 소개가 되긴 하지만 온라인 활동이 그들의 주 무대다. AI로 추구하는 합성미학, 그 미학자들의 활동 역시 가상공간에서 더 힘을 발휘하고 있는 것일까?

## 계속되는 새로운 미학들

1974년 해럴드 코헨(Harold Cohen)이 만든 에런(AARON)은 AI의 창작을 처음 시도한 기계 환경이다. AI가 스스로 창작을 할 수 있느냐, 그 결과물을 창작품으로 가치를 인정할 수 있느냐 없느냐는 논란의 중심에 있는 에런은 그럼에도 스스로 만든 결과물을 스스로 재학습하는, 자가발전을 한다는 가치를 인정받았다. 물론 에런에 존재하는 편향성도 같이 증폭하게 되겠지만, 이는 AI 창작의 초기 모델로서 중요한 의미를 지닌다. 송웬 정(Sougwen Chung)의 '드로잉 오퍼레이션(Drawing Operation)'(2015~)은 작가가 그리는 그림을 이미지 인식 프로그램으로 따라 그리며 학습하는 로봇 시스템이다. 사람과 함께 그림을 그리는 퍼포먼스로 유명한 이 작품은 기계와 공존하는 세상에 대한 생각을 열어 준다. 이는 인간과 기계의 협업 가능성을 보여 주는 좋은 예시다.

에런도, 드로잉 오퍼레이션도 모두 AI 기술을 창작에 적용하는 새로운 시도들이며 새로운 미학을 추구한다. 스토리에 중심을 두거나 시각적 미학을 극대화하거나, 아니면 AI 기술 자체가 창작의 주체로 혹은 공동체로 그 위치를 더 넓게 가져가거나, AI 창작의 실험은 예전부터 지금까지, 그리고 앞으로도 계속될 것이며 우리는 그 안에서 각자 할 수 있는 최선으로 영역을 넓혀 가지 않을까. AI를 활용한 창작은 단순히 기술의 발전만을 의미하는 것이 아니라, 우리가 예술과 창의성을 바라보는 관점 자체를 변화시키고 있다. 스토리텔링과 합성미학은 이러한 변화의 두 가지 주요 축이며, 앞으로 더 많은 혁신적 접근 방식이 등장할 것으로 기대된다. 우리는 이러한 변화를 주시하며, AI와 인간의 창의성이 어떻게 상호작용하고 발전해 나갈지 지켜보아야 한다.

## 08
## 자동 생성과 시뮬레이션

그렇게 당신의 일상은 콘텐츠가 되어 모두에게 소비될 수 있다.
AI 기술의 발전으로 창작품의 양과 질이 모두 확장되고 있다. 기계 중심의 창작은 인간의 개입을 최소화하며, 개인의 일상 데이터를 활용한 콘텐츠 생성을 가능케 한다. 동시에 가상환경의 AI 에이전트를 통한 시뮬레이션은 현실과 가상의 경계를 흐린다. 이러한 변화는 창작의 본질과 가치에 근본 질문을 제기하며, 우리의 삶과 문화, 그리고 예술의 정의를 재구성할 것이다.

2024년도의 AI 창작은 효율 높은 창작 도구로, 사람의 창작 과정에서 생산성을 높이고 노동 강도를 줄여 주는 기술로 진입하고 있다. AI로 만든 영상이 광고, 숏폼 콘텐츠, 뮤직비디오 등 영상 산업에서 활용되기 시작했으며 런웨이ML(RunwayML)의 젠3(Gen3), 루말랩스(Lumalabs)의 드림머신(Dream Machine), 그리고 아직 공개하진 않았지만 오픈AI(OpenAI)의 소라(Sora) 등 텍스트와 이미지, 그리고 영상을 입력 데이터로 사용해서 거창한 특수효과를 거치지 않고 영상을 제작할 수 있는 서비스들이 속속 출시되고 있다. 사람 중심의 영상 특수효과 산업은 제작 시 컴퓨터 환경뿐만 아니라 전문가들이 많이 필요했던 산업으로 제작비가 적지 않다. 그러나 효율적으로 활용할 수 있는 AI 영상 제작 환경에서는 아직까지 짧은 분량과 여전히 해결하기 어려운 일관성, 그리고 시간이 지속될수록 처음보다 낮아지는 특징 효과들—뭉개짐 현상—이 풀어야 할 숙제로 남아 있다. 하지만 기술이 빠르게 발전하고 있기 때문에 앞으로 특수효과 영상 제작은 사람 중심에서 AI 중심으로 자연스럽게 이동할 것이다. 여기까지는 인간 중심의 창작 과정에서 AI을 도구로만 보았을 때 얘기다. 그런데 AI로 할 수 있는 창작의 영역은 당연히 도구 이상이다.

〈낫싱포에버(Nothing Forever)〉는 2023년에 트위치에서 스트리밍된 콘텐츠다. 〈사인필드(Seinfeld)〉라는 1990년대 미국 시트콤 대본을 학습해 생성형 AI로 대본과 영상이 무제한 생성되어 스트리밍되는 서비스다. AI 콘텐츠로서 새로운 시도였기 때문에 주목은 받았지만 실제 방송은 오래 지속되지 못했다. 정제되지 않은 언어와 일관성 없는 흐름, 그리고 이해할 수 없는 농담들은 재미보단 신기함으로 다가왔다. 그랬기 때문일까, 방송은 생각보다 허무하게 멈췄다(검색하면 녹화본이 있긴 하다). 또 하나 주목할 만한 콘텐츠는 넷플릭스(Netflix)의 시리즈물 블랙미러(Black Mirror)의 에피소드 중 하나인 〈존은 끔찍해(Joan is Awful)〉다. 개인 생활에서 수집한 데이터(이동경로, 대화, CCTV 영상 등)가 영상 콘텐츠로 제작되어 스트리밍 방송 콘텐츠로 매일 소비되는 것이다. 현실과 가상이 뒤얽힌 이 에피소드는 결국 암울하게 끝났지만 앞으로 콘텐츠가 어떤 방향으로 진화할 것인가를 우리에게 보여 주었다. 무엇이든 콘텐츠가 될 수 있고 검열이 존재하지 않거나 존재할 수 없는 개인화 콘텐츠 시장이다.

스트리밍 콘텐츠에 더해 디지털 트윈으로 메타버스 환경에서 현실의 자아가 복제되어 살아갈 것이다. 아직 서비스화하지는 않았지만 Delphi.ai는 가상환경에서 활동할 수 있는 복제 자아를 만들 수 있고, NVIDIA의 옴니버스 환경에서는 구체적인 시뮬레이션 시스템도 역시나 생성형 AI로 가능할 거라 한다.

## 자동 생성 스트리밍과 시뮬레이션

자동 생성 스트리밍과 시뮬레이션. 이 두 방향이 앞으로의 AI 창작 콘텐츠에 중심이 될 것이다.

먼저 자동 생성 스트리밍 서비스는 기존의 인간 중심 창작에서 기계 중심 창작으로 옮겨지는 새로운 시장이 될 것이다. 사람이 주축이 되어 감독하고 필요한 기술(AI 포함)을 활용해 영상, 음악, 그림을 그리던 시장이 아니라 기계가 중심이 되어 사람은 필요한 데이터를 전달하고 사람이 검열하지 않고 기계 환경 스스로 검열하거나 아예 검열하지 않는 결과물들이 창작물로 또 우리의 일상 콘텐츠로 소비될 것이다. 예술도 대중문화 콘텐츠와 마찬가지로 기계 중심의 창작품이 언젠가는 예술적 가치를 인정받게 될 것이다. AI 중심의 예술적 가치는 인간이 조정하고 설정한 결과물이 아닐수록, 그래서 기계가 최대치로 사용된 "made by AI"가 더 높은 가치를 인정받을 수도 있다. 이는 예술의 본질과 가치에 근본 질문을 제기할 것이다.

또 하나, 시뮬레이션은 AI 기술로 각색된 가상현실로 소비될 수 있다. 가상 환경에서 나를 학습한 모델인 나의 에이전트 생활이 콘텐츠가 되는 것은 그리 머지않다. 나의 에이전트가 창작을 직접 할 수도 있고, 에이전트들의 생활(가상에서는 현실이지만 현실에서는 가상인)이 콘텐츠로 소비될 수도 있으며, 그 결과로 경제적 이익을 현실의 존재에게 전달해 줄 수도 있다. 자동 생성 스트리밍은 현실에서 AI가 할 수 있는 지금의 시선에서 최대치일 수 있지만 가상 환경에서 AI 창작은 그 모든 것이 현실을 넘어서게 될 것이다. 그 무한대의 가능성이 존재하는 세상에서 창작은 방법도, 결과도, 그리고 가치도 새롭게 정의되지 않을까.

최근에 하고 있는 개인 작업이자 콘텐츠 생성 서비스는 공공 데이터를 가져와 생성형 언어 모델에게 짧은 소설을 생성하는 프롬프트로 사용해 SNS 계정에 자동 게시하는 서비스(https://x.com/news_seoulCity)다. 먼저 백엔드(backend, 사용자가 볼 수 없는 서버나 데이터베이스 구조 환경) 개발 경험이 전혀 없는 상태에서 ChatGPT 유료 서비스의 도움을 받아 구글 클라우드 플랫폼(GCP, Google Cloud Platform)을 서버로 활용해 구글 클라우드 펑션과 스케줄러로 매일 정해진 시간에 소설을 생성해서 SNS 계정에 포스팅한다. DailyStory_Seoul은 먼저 2012~2014년 작업한 '서울시 재정 정보 시각화'의 현재 버전이라 할 수 있다. 블랙 미러의 〈존은 끔찍해〉 에피소드처럼 우리 주변의 일상 데이터가 콘텐츠화할 수 있는지, 그 콘텐츠를 즐길 수 있는지 생각해 볼 일이다. 지금 가능한 API는 텍스트와 이미지 생성밖에 없지만 영상 제작 API가 제공된다면 일상 데이터가 하나의 드라마로도 만들어질 수 있다. 그리고 일상 데이터는 매 순간 업데이트가 가능하기 때문에 멈추지 않는 콘텐츠를 생산할 수 있을 뿐더러 구독자만 많아진다면 수익화 모델로도 가능할 것이다.

시뮬레이션 환경은 좀 더 흥미러워질 수 있다. 가상 환경(메타버스)에서는 나의 데이터(이메일, 문자, SNS, 채팅 등)를 학습한 나의 AI 에이전트가 활동하며 관계 맺기를 할 것이고 현실의 관계 맺기와는 다른 경험을 하게 될 것이다. 예를 들어 데이팅 앱을 가정해 보자. 현실에서는 앱에서 제공하는 제한적 정보로만 상대를 선택하고 현실 만남을 통해 상대를 알아가는 지금까지의 관계 맺기 과정을 제공한다면, 가상 환경에서 활동하는 나의 에이전트는 앱으로 선택한 상대들의 에이전트들과 관계 맺기를 하며 현실의 나를 대신해 선경험을 해보고 피드백을 현실의 나에게 전달해 줄 수도 있다. 사회를 살아가는 모든 인간관계의 선경험을 에이전트들를 통해 하게 되어 불필요한 감정 소모와 시간을 줄일 수 있는 효율적인 세계가 될지, 아니면 모든 게 기계 환경 중심으로 가상 세계에서 시작되어 현실에 영향을 줄지 모르겠다. 어쨌든 가상 세계에서 일어나는 현실의 시뮬레이션은 게임 형태로 엔터테인먼트 산업이 될 수도 있고 도시를 만들어 가는 도시 계획 시 활용될 수도 있다.

미래가 어떻게 그려질지는 모르지만 AI 기술의 발전은 우리의 창작과 소비 방식을 근본적으로 바꿀 것이다. 이러한 변화는 단순히 기술적 진보를 넘어 우리 사회와 문화의 근간을 흔들 수 있는 잠재력을 지니고 있다. AI가 만들어 내는 콘텐츠가 인간의 창작물과 구분이 어려워지는 시대가 올 것이며, 이는 예술의 정의와 가치에 근본 질문을 던질 것이다. 또한 가상과 현실의 경계가 모호해지면서 우리의 정체성과 관계에 대한 새로운 도전에 직면하게 될 것이다. 이러한 변화가 반드시 부정적인 것만은 아니다. AI 기술은 인간의 창의성을 증폭하고, 새로운 형태의 표현과 경험을 가능하게 할 수 있다. 또한 시뮬레이션 기술의 발전은 우리가 현실 세계의 문제를 더

효과적으로 이해하고 해결할 수 있는 도구를 제공할 수 있다.

결국 AI와 창작의 미래는 우리가 이 기술을 어떻게 활용하고 통제하느냐에 달려 있다. 기술 발전이 가져올 수 있는 부작용과 위험성을 경계하면서도, 그 잠재력을 인류의 발전을 위해 현명하게 활용해 나가는 지혜가 필요하다. 이는 단순히 기술적 문제가 아닌, 우리 사회가 함께 고민하고 해결해 나가야 할 윤리적, 철학적 과제다.

## 09
## 기술의 격차, 창작의 격차

격차(格差). 서로 벌어진 차이. 자본, 언어, 데이터의 세 가지 측면에서 나타나는 AI 창작의 격차는 창작자의 다양성과 기회를 제한한다. 첨단 장비 접근성, 특정 언어 중심의 정보 생태계, 편향된 데이터세트 등이 창작의 격차를 심화한다. 기술 혁신의 혜택이 일부에만 집중되는 결과는 창작 환경의 불균형을 더욱 악화할 수 있어 문화적 다양성을 위한 사회의 노력이 필요하다.

격차는 세상 모든 곳에서 크고 작게 존재한다. 자연의 세계에도 격차는 존재하고, 인간 사회에서는 자연보다 더 다양한 요소들로 더 두드러지게 사회 곳곳에서 나타난다. 모든 생명체는 여러 면에서 차이가 있을 수밖에 없으며, 문명이 존재하는 인간 사회에서는 이 다름을 질서 있게 받아들이고자 사회적 장치를 적용하고 있다. 그럼에도 이 격차가 불공정 사회를 만드는 구조적 한계에 일조하고 있다면 우리는 분명 그 격차를 줄이기 위한 노력을 아끼지 말아야 한다. 왜냐하면 개인의 힘으로는 극복하기 어려운 격차가 존재하는 순간부터 사회 질서는 한쪽으로 쏠릴 위험이 크기 때문이다. 창작 환경에서는 기술 격차로 인한 원치 않는 차이가 만들어질 때 여러 사회적 장치를 마련해 극복하고자 노력한다. 특히 AI처럼 난이도가 높고 자본이 필요한 기술 환경은 더더욱 격차를 줄이기 위한 노력이 개인 수준에서도 사회 수준에서도 필요하다.

## 자본의 격차

지금의 거대 AI 모델을 학습시키기 위해서는 무엇보다 고사양의 GPU가 필요하다는 것은 모두가 알고 있다. NVIDIA와 같이 특정 GPU가 독점화되어 있다는 것도 널리 알려져 있다. CUDA(Compute Unified Device Architecture)라는 NVIDIA가 개발한 병렬 컴퓨팅 플랫폼 및 프로그래밍 모델은 AI을 학습시키는 데 최적화해 있으며, 이는 NVIDIA GPU에서 가장 효과적으로 작동한다. 거대 언어 모델은 더 이상 개인의 차원에서 (혹은 작은 중소기업 차원에서도) 학습시키는 것이 어려워졌다. 이미 시장을 선점한 기업의 제품들(OpenAI의 GPT, Meta의 LLAMA, Anthropic의 Claude, Google의 Gemini)의 성능을 뛰어넘기가 쉽지 않기 때문이다. 물론 불가능한 것은 아니지만, 이미 대중적으로 알려진 모델들이 지속적으로 성능을 향상시키고 있어 거대 언어 모델 시장에 새로 진입하기는 상당히 어려워졌다. 예를 들어, 중소기업이 1년 동안 NVIDIA A100 GPU로 개발을 했다고 가정해 보자. 열심히 연구하고 실험해 출시를 앞둔 시점에 거대 기업에서 더 강력한 NVIDIA H100 GPU로 3개월 만에 그 이상의 성능을 만들어 냈다면, 소비자들이 중소기업의 모델을 선택하기는 쉽지 않을 것이다.

최근 실리콘밸리의 AI 연구자들 사이에서는 연구 환경의 GPU 사양과 수가 연구 능력의 중요한 지표로 여겨지고 있다. 이는 현재 기술 자본을 극명하게 드러내는 환경이 바로 모델을 학습시킬 수 있는 GPU 보유 환경이라는 것을 보여 준다. 연구자 입장에서는 고사양의 GPU로 빠르게 실험해 볼 수 있는 환경이야말로 본인들의 능력을 최대한 발휘할 수 있는 조건이기 때문이다. 창작에 사용되는 AI 환경 역시 GPU와 같은 하드웨어에 크게 의존적이다. 서비스 제공을 위해 거대 언어 모델에 비해 상대적으로 적은 자본이 필요할 수 있지만, 서비스 사용자의 입장에서 봤을 때 고사양의 계산력은 여전히 중요한 요소다. 개인 창작자들은, 고가의 NVIDIA A100이나 심지어 소비자용 고성능 GPU인 NVIDIA GeForce RTX 4090조차 보유하기 어려운 경우가 많다. 이러한 상황에서 많은 창작자들이 클라우드 GPU 서비스를 이용하게 된다.

구글 코랩(Google Colab)과 같은 클라우드 GPU 서비스는 개인이 구매하기 부담스러운 고성능 GPU를 사용할 수 있는 기회를 제공한다. 그러나 이러한 서비스들은 각각의 가격 정책과 사용 제한이 있어, 사용자들은 비용과 성능 사이에서 균형을 찾아야 한다. 예를 들어, 무료 버전은 사용 시간이나 연결 안정성에 제한이 있으며, 유료 버전은 월 구독료나 사용량에 따른 과금이 발생한다. 이러한 환경에서 창작자들은 때로 비용 때문에 더 깊은 실험을 포기하거나 제한하게 되는 상황에 직면할 수 있다. 이는 자본에 의해 창작의 깊이와 범위가 제한되는 현상을 보여 준다.

## 언어의 격차

AI 창작에서 보이는 또 하나의 격차는 언어다. 최근 많은 언어 모델들이 다국어 처리 능력을 향상하고 있지만, 여전히 영어가 주요 언어로 사용되고 있는 것이 현실이다. 한국어를 비롯해 사용자가 상대적으로 많지 않은 언어를 사용하면, 모델의 성능이나 사용 가능한 기능에서 차이를 경험할 수 있다. 지금은 대부분 언어 모델이 꽤 높은 수준의 한국어 기능을 보유하고 있지만, 최근까지만 해도 대부분 언어 모델 서비스는 영어로 입력하는 것이 훨씬 더 좋은 결과를 가져왔다. 다행히도 최근에는 다국어가 가능해진 서비스들이 많이 나오고 있어, 한국어 사용자들도 만족스러운 결과물을 만들어 낼 수 있게 되었다. 그럼에도 여전히 양질의 빠른 정보는 거의 대부분 영미권에서 생산되고 있다. AI 창작에 도움이 될 만한 정보를 공유하는 깃허브(GitHub), 디스코드(Discord), 레딧(Reddit) 등의 커뮤니티에서는 영어가 주 언어로 사용되고 있다. 이는 영어에 능숙하지 않은 창작자들에게 진입 장벽이 될 수 있다.

AI 환경에서는 커뮤니티 정보가 매우 중요하다. 이제 처음 시작하는 창작자들에게는 빠른 실험을 선행했던 세상의 많은 창작자들이 공유하는 정보보다 가치 있는 교육 자료는 드물다. 유튜브(YouTube)에서 볼 수 있는 튜토리얼들, 워크숍들, 검색에서 나오는 오류 해결 솔루션들, 거의 대부분이 영어로 되어 있다. 그러다 보니 영어가 편하지 않은 사람들은 자연히 정보 습득에서 속도가 떨어질 수밖에 없고 이런 차이가 결국 진입의 차이, 창작의 차이로 이어진다. 디플(DeepL)과 같은 고품질 번역 서비스가 이러한 격차를 줄이는 데 도움이 되고 있지만, 실시간 커뮤니케이션이나 전문 내용의 이해에는 여전히 한계가 있다. AI 창작은 기술 정보가 아무래도 창작에 영향을 줄 수밖에 없기 때문에 정보 습득의 속도에 민감해질 수 있다. 그럴수록 빠른 정보 습득에 집중하기보다는 정확한 정보 습득에 무게를 싣는 게 전략이 될 수 있다. 영어권 창작자들보다 언어의 한계로 정보 습득 속도가 느려진다면 하나의 정보를 얻어도 활용하고 정확하게 이해하는 데 집중한다면 경쟁력이 있지 않을까. 그런데 아이러니하게도 언어의 격차로 인한 정보의 격차를 이용해 정확하지 않은 정보, 편협적 정보들을 친숙한 모국어로 전달하는 오류는 지양해야 한다. 정확한 정보의 전달과 공유는 AI 기술의 건전한 발전과 활용을 위해 매우 중요하다.

## 시장의 격차, 창작의 격차

GPU 사용에 대한 자본의 격차, 언어로 인한 정보의 격차와 더불어 또 하나의 중요한 문제는 데이터의 격차다. 이는 특히 이미지 생성 모델에서 두드러지게 나타난다. 초기의 이미지 생성 모델들은 '서울' 또는 '한국'과 같은 키워드로 이미지를 생성할 때, 실제 한국의 모습보다는 아시아권 문화가 혼재된 이미지를 생성하는 경향이 있었다. 이는 학습 데이터의 편향성과 부족함을 보여 주는 예시다. 비록 최근 모델들이 이러한 문제를 어느 정도 개선했지만, 여전히 데이터의 격차는 존재한다. 이러한 문제는 비단 한국에만 국한되지 않는다. 국가 경쟁력이 상대적으로 약한 문화권이나 소수민족, 소수 언어 사용자들은 AI 모델에서 제대로 표현되지 못하는 경우가 많다. 이는 AI 기술이 공공성을 가져야 하며, 윤리적 기준을 갖춰야 한다는 점을 보여 준다. 시빗AI(Civit AI)와 같은 AI 모델 공유 플랫폼에서는 때로 특정 유형의 콘텐츠, 예를 들어 과장된 여성 캐릭터 생성에 특화된 모델들이 많이 공유되는 경향이 있다. 이는 시장의 수요를 반영한 결과일 수 있지만, 동시에 AI 모델의 다양성과 윤리적 측면에서 우려를 낳을 수 있다. 이러한 편향된 모델들이 지속적으로 사용되고 학습된다면, AI가 인식하는 '현실'이 왜곡될 위험이 있다. 현실 세계의 다양성을 AI 모델이 제대로 반영하지 못한다면, 이는 결과적으로 왜곡된 정보의 증폭으로 이어질 수 있다. 예를 들어, 소수민족의 문화적 특성을 AI로 표현하려 할 때, 관련 데이터의 부족으로 부정확하거나 잘못된 표현이 될 수 있다. 이는 문화적 다양성의 손실로 이어질 뿐만 아니라, AI 기술 자체의 발전도 제한할 수 있다.

기술의 격차, 특히 AI 기술의 격차는 단순히 기술적 차이를 넘어 창작의 격차로 이어지고 있다. 이는 자본의 격차, 언어의 격차, 그리고 데이터의 격차라는 세 가지 주요 측면에서 나타난다. 이러한 격차들은 결과적으로 창작의 다양성을 저해하고, 기술 혁신의 혜택을 일부 집단에게만 집중하는 결과를 낳을 수 있다. 따라서 우리는 이러한 격차를 인식하고, 이를 줄이기 위한 노력을 계속해야 한다.

해결책으로는 오픈소스 AI 모델의 개발과 공유, 다국어 지원 강화, 다양한 문화와 지역의 데이터를 포함하는 포괄적인 데이터세트 구축 등이 있다. 또한 개인 창작자를 위한 저렴한 클라우드 컴퓨팅 서비스의 확대, AI 기술 교육의 다국어화 등도 고려해 볼 만하다. 궁극적으로 우리의 목표는 기술의 발전이 창작의 민주화로 이어지게 하는 것이어야 한다. 모든 창작자가 국적, 언어, 경제적 배경에 관계없이 AI 기술의 혜택을 누리고, 자신의 창의성을 최대한 발휘할 수 있는 환경을 만드는 것이 우리가 지향해야 할 방향이다.

## 10
## "모두의 AI"

AI는 '모두'를 위한 것인가?
여기서 '모두'란 누구인가?
이 질문은 AI 시대의 핵심을 관통한다.
'모두'라는 개념은 이상적이지만 달성하기 어렵다. 그러나 선구자들의 도전과 혁신적 환경을 이해하는 것으로 우리는 더 포용적인 미래를 그리며 그 '모두'에 한 걸음 다가갈 수 있다. 모두의 경계는 열려 있다.

"모두의 AI(A.I, entirely on us?)"는 2018년 미디어시티 비엔날레에서 진행된 콜렉티브 프로젝트(Collective project)다. 이 전시는 "AI 기술이 '모두를 위한', '모두에게 가능한' 기술이 되고 있는지, 혹은 특정 집단만이 향유할 수 있는 기술이 되고 있는지, 그리고 개인의 지능이 AI와 함께 증강될 수 있는지, 여기서 말하는 '모두'는 누구인지"를 질문하기 위해 기획되었다. 13명의 AI 기반 작가와 연구자를 초청해 그들의 작업을 전시하고 "AI 사회", "다양성과 공정함", "지능에 관해" 등의 주제로 질문을 주고받았다. 수집된 답변들을 기계에 학습시킨 후 시각화해 초청 작가들의 작품과 함께 전시했다. 관람객들은 자신이 그 '모두'에 속하는지, 혹은 '모두'의 일부인지 스스로에게 물어 보는 경험을 했다. 초청 작가들과 연구자들과의 대화는 기록으로 남겼으며(http://www.ttoky.com/AI_on_Us.pdf), 진 코겐(Gene Kogan), 마이크 타이카(Mike Tyka), 신승백/김용훈, 오스카 샤프/로스 굿윈(Oscar Sharp/Ross Goodwin), 데이비드 하(David Ha), 마리오 클링게만(Mario Klingemann), 스콧 켈리/벤 폴킹호름(Scott Kelly/Ben Polkinghorne), 로렌 매카시(Lauren lee mccarthy), 루바 엘리오트(Luba Elliott), 최승준, 정지훈, 김승길 등이 참여했다. 이들은 당시에도, 그리고 지금도 AI 창작 분야에서 주목받는 창작자, 연구자, 교육자들이다.

AI로 창작을 막 시도하던 그때와 비교해, 현재는 생성형 AI가 그 어느 때보다 활발하게 발전했며 몇몇의 선도자들뿐만 아니라 문화예술 산업계 전반에 영향을 미치고 있다. AI 창작 분야에서 현재 주목할 만한 사람들, 커뮤니티, 그리고 문화예술 환경 변화를 살펴보자.

## 콘퍼런스

'NeurIPS(Conference on Neural Information Processing Systems)'는 매년 12월에 개최되는 기계 학습 및 계산신경과학 콘퍼런스다. AI뿐만 아니라 기계 학습, 신경과학, 인지과학, 심리학, 컴퓨터 비전, 통계언어학 및 정보 이론 등 인지과학과 기계 학습 전반에 걸친 주제를 다룬다. AI 연구 분야에서 NeurIPS의 영향력은 다른 어떤 학회보다도 크다. NeurIPS에서는 "Machine Learning For Creativity and Design"이라는 워크숍 세션을 매년 운영한다. 여기서 AI 기술을 창작과 디자인에 적용한 사례를 발표하고 연구 결과, 그리고 선정작 갤러리를 선보인다. 주요 스폰서는 구글과 딥마인드(DeepMind)이며, 작품 큐레이터는 루바 엘리어트(Luba Elliot)가 맡고 있다. 이

워크숍은 AI와 창의성의 접점을 탐구하는 중요한 장이 되고 있다. 최근에는 CVPR(Computer Vision and Pattern Recognition)에서도 AI 아트 갤러리를 공모하고 있어, AI가 창작 분야에서 활발하게 적용되고 있음을 보여 준다. CVPR의 AI 아트 갤러리는 컴퓨터 비전 기술을 활용한 예술 작품들을 선보이며, 기술과 예술의 융합에 새로운 시각을 제공한다.

## 커뮤니티

AI 기술 연구의 중심에 NeuRIPS가 있다면 정보를 공유하는 창작 중심 커뮤니티는 다양하다. 비교적 최신 커뮤니티 중 하나인 eden_art(https://app.eden.art/)는 창작자, 연구자, 교육자 등 AI 창작에 관심 있는 사람들이 모여 생성형 AI를 사용하는 오픈 플랫폼이다. 디스코드에서 정보를 주고받고 주요 도시에서 행사를 진행하며 X 스페이스에서 토크와 워크숍을 진행한다. 이 커뮤니티의 특성은 단지 정보 공유를 넘어 자체 개발한 서비스를 제공한다는 점이다. 기존의 AI 창작 도구 서비스들과 달리 커뮤니티 특성을 강조하고 있다는 것이 차별점이다. 자체 서비스를 활용한  작업물들을 적극적으로 홍보할 뿐만 아니라 제공하는 서비스에서는 창작자들이 가장 필요하다고 느끼는 모델의 파인튜닝도 가능하다. 창작자의 특성상, 자신의 스타일이 적용된 모델로 생성하려 하는 욕구가 있는데, eden_art는 자체 제작 모델만 제공하는 것이 아니라 창작자들로 하여금 모델 학습을 직접 진행할 수 있게 더 많은 창작의 영역을 열어 두었다. 이 커뮤니티의 주요 운영자 중에는 2018년 〈모두의 AI〉에서도 함께했으며 AI와 창작 영역에서 워크숍 교육자로도 작가로도 활발하게 활동하고 있는 진 코겐이 있다.

시각예술과 창작에서 조금 더 디자인 분야로 커뮤니티의 영역을 넓혀 본다면 파라메틱 건축(parametic architecture)과 thepaacademy를 살펴볼 만하다. 파라메틱 건축은 건축 디자인에 AI 기술을 활용해 다양한 건축물 형태 변화, 디자인을 시도하고 있으며 thepaacademy는 건축뿐만 아니라 패션, 산업 디자인까지 아우르는 접근을 공유하고 있다. 특히 thepaacademy는 관련 워크숍도 활발히 운영하고 있다. 정규 교육기관이 아닌 온라인 커뮤니티의 장점은 무엇보다 접근성이 높고 다양한 사례를 접하기 좋은 채널이라는 점이다. 이든아트(eden_art)나 파라메틱 건축 외에도 AI 창작 관련 정보나 다른 창작자들에게 질문하고 답변을 받아보고 싶다면 레딧(reddit) 채널 중 컴피UI(comfyui) 커뮤니티, 스테이블디퓨전

(stable diffusion) 커뮤니티 등도 아주 유용하다. 아쉽지만 커뮤니티 활동을 국내 위주로 하는 것은 그렇게 긍정적이지 않다. 아무래도 다양한 사례를 접할 수 있는 글로벌 커뮤니티가 도움이 될 수 밖에 없다. 다소 언어장벽이 있다 하더라도 해외 커뮤니티를 접하는 것이 같은 노력으로 얻을 수 있는 정보의 질이 훨씬 높을 수밖에 없다.

## 기관, 기업, 예술

구글의 AMI(Artist+Machine Intelligence) 리서치 프로그램은 AI로 창작하는 작가들을 발굴하는 사업이다. 이 프로그램으로 많은 작가들이 소개되었다. 대표적으로 레픽 아나돌(Refik Anadol)을 꼽을 수 있다. AMI 지원 프로그램 후속으로 LA 디즈니콘서트홀에서 'WDCH Dreams' 프로젝트를 선보이기도 했다. 딥마인드의 비주얼라이징AI(Visualizing AI, https://deepmind.google/discover/visualising-ai/) 프로그램도 창작자와의 협업을 통해 기업의 AI 기술을 다른 시각으로 접근하는 사업이다. 특히 SynthID와 같은 기술은 창작물에 구글의 AI 저작 도구로 만든 인공 결과물이 얼마나 포함되어 있는지를 워터마크해 주는 기술로, 생성된 결과물을 정확히 인식하게 한다. RunwayML의 AI 페스티벌, 디스코드 중심의 공모전 등도 현재 트렌드를 파악하고 작업을 홍보하는 데 유용하다.

기업보다 한발 앞서 아르스일렉트로니카(Ars Electronica)와 같은 비영리 기관과 미술관들은 AI 예술을 지원하는 데 발 빠르게 나섰다. 테이트모던(Tate Modern)은 2016년에 이미 AI를 활용한 작품에 IK Prize를 선정했으나 여기서 주목할 만한 점은 최근에 이루어지는 현대 미술 갤러리의 참여다. 뉴욕 현대미술관을 비롯해 가고시안(Gagosian), 페이스(Pace), 리만 머핀(Lehmann maupin), 서펜타인(the Serpentine) 등의 메이저급 갤러리들이 앞다투어 전시를 기획하고 작가들을 발굴하며 Frieze 기간 동안 AI 예술품을 특별전으로 기획하기도 했다. 크리스티(Christie's)는 아트 & 테크 서밋에서 AI 중심 예술품들을 비중 있게 다루고 있다. 이는 AI 창작의 예술적 가치와 상업적 가능성을 시사한다.

## 사람들

우리가 주의 깊게 살펴봐야 할 선구자들이 너무나도 많지만 몇몇만 소개해 본다. 루바 엘리엇(Luba Elliot)은 독립 기획자로서 AI 창작에 관한 비평부터 전시 기획, 연구 학회에서 아트 갤러리 운영까지 전방위로 활동하고 있다. 켄릭 맥도웰(Kenric Allado-McDowell)은 구글의 AMI 프로젝트부터 많은 강연과 함께 AI에 관한 사회적 비평을 하는 기획자다. 한국에서는 미디어 아트 환경에서 활발하게 활동하는 신승백/김용훈 작가, 엔자임(nsyme) 작가를 주목할 만하다. 신승백/김용훈 작가는 이미지 인식 모델부터 언어 모델, 분류 모델 등 AI가 가진 한계를 작업으로 풀어내어 세계적으로 주목받았다. 엔자임 작가는 최신 기술을 활용해 시각적으로 매력적이고 가장 트렌디한 작업을 시도한다.

AI 창작을 시도하는 사람들, 관련 사업을 꿈꾸는 사람들, 그리고 국가 정책을 마련하려는 문화정책가들 모두에게 이 분야의 미래는 불확실하다. 생성형 AI가 처음 등장한 2021년 이후의 급격한 발전을 고려하면, 앞으로의 변화를 예측하기는 더욱 어렵다. 이처럼 빠르게 변화하는 시대에 우리는 기술 발전에 민감하게 반응하면서도 최신 정보에 매몰되지 않는 자세를 가져야 한다. 창작자들은 기술에만 의존하지 말고 자신만의 고유한 창작 방법을 개발해야 한다. 현재로서는 AI 창작이 단점보다는 장점이 많은 기회의 시장으로 보인다. 하지만 이는 앞으로 어떻게 변할지 모른다. 계속해서 주의 깊게 관찰하고 적응해 나가야 한다. 마지막으로, '모두를 위한' AI라는 이상을 향해 나아가기 위해서는 기술의 발전뿐만 아니라 그 기술을 사용하는 우리의 태도와 가치관도 함께 발전해야 한다. 다양성, 포용성, 윤리성을 고려한 AI 기술과 창작 환경을 만들어 나갈 때, 우리는 진정한 의미의 '모두의 AI'에 한 걸음 더 가까워질 수 있다.

**민세희**

데이터와 AI를 활용한 시각예술 작가로, 현재 홍익대학교 AI실감콘텐츠학과에서 강의하고 있다. 미국 텍사스 크리스천대학교(Texas Christian University) 졸업 후 뉴욕 프랫인스티튜트(Pratt Institute)에서 인터랙티브미디어로 석사를 마치고 매사추세스공과대학(MIT) 센서블시티랩 연구원을 지냈다. 서강대 아트&테크놀로지과 산학교수, 제10대 경기콘텐츠진흥원장(2021~2023)을 역임했고, 서울라이트 행사 총감독(2019)을 맡았다. SK텔레콤, 인텔(Intel) USA, 바이스(VICE), 구글 등과 협업했으며 테드 펠로(TED Fellow, 2011~2013)로 선정되었다. 구글아트&컬처(Google Art & Culture, 2021), 독일 예술과미디어기술센터(ZKM, 2019), 신경정보처리시스템학회(NeurIPS, 2017~2018), 미디어시티비엔날레(2018), 국립현대미술관(2014) 등에서 작품을 선보였다. 주요 논문으로 "다양성과 공정함에 관한 머신러닝 기반 인터랙티브 데이터 시각화(ML-based Interactve Data Visualization System for Diversy and Fairness Issues)"(2019, IJOC), "이유 있는 기괴함: 시각적 창작에 적용한 기계 관점(Reasonable Weirdness: Integrating Machine Perspective in Visual Creativity)"(2019, ISEA)이 있다.